Generis
PUBLISHING

Initiatives locales en France

Lieux d'innovation et économie circulaire

Gwénaël Doré

Title: Initiatives locales en France

Lieux d'innovation et économie circulaire

ISBN: 978-1-63902-747-7

Author: Gwénaël Doré

Cover image: www.pixabay.com

Publisher: Generis Publishing
Online orders: www.generis-publishing.com
Contact email: info@generis-publishing.com

« Les apprentissages et les innovations sont aujourd'hui considérés comme des leviers du développement des entreprises mais aussi des territoires. [...] Les pouvoirs publics français et les régions mettent en place depuis une trentaine d'années des politiques publiques visant à inciter les acteurs à innover et à collaborer, à faire alliance avec la recherche, l'enseignement et les institutions publiques. »

A. Torre et F. Wallet, 2017.

TABLE DES MATIERES

8

PREFACE

Préface, par Xavier Roy, directeur général de France Clusters

Bravo et merci à Gwénael Doré pour la publication de cet ouvrage. Il offre au lecteur un aperçu pertinent et original de la manière dont nos territoires français évoluent actuellement : entre réappropriation locale des enjeux de développement, renforcement des liens entre acteurs locaux publics et privés par la mise en place d'outils structurants, amplification des flux d'échanges territoriaux à l'appui d'écosystèmes d'innovation organisés.

Cet ouvrage est d'autant plus intéressant qu'il est osé ! Osé de rassembler ici les thématiques des lieux d'innovation et de l'économie circulaire qui ne vont pas forcément de pair. En effet, il ne semble à priori pas nécessaire de disposer d'infrastructures spécifiques pour animer des écosystèmes territoriaux ! De la même manière, on peut facilement imaginer que l'économie circulaire, en tant que « *système économique d'échange et de production* » (définition de l'ADEME) n'ait pas forcément besoin de « murs », au sens où Gwénael Doré l'entend ici (espaces physiques de cotravail, fab labs notamment), pour « *augmenter l'efficacité de l'utilisation des ressources et à diminuer l'impact sur l'environnement* » (toujours selon la définition de l'ADEME).

Pour autant, Gwénael Doré a raison. Depuis quelques années déjà, nous observions, au sein de la communauté des clusters d'entreprises et pôles de compétitivité qu'anime l'association France Clusters (plus de 80.000 PME organisées en réseaux territoriaux, quelques 1,5 millions d'emplois concernés), une appétence nouvelle pour le développement de « lieux d'innovation ». Le cluster SPN (réseau des professionnels du numérique et de l'image en Nouvelle Aquitaine) anime à Poitiers *Le Cobalt, tiers lieu numérique*, Cosmetic Valley pose actuellement à Chartres les pierres de sa futur *Maison Internationale de la Cosmétique*, le jeune Cluster MAD (Mobilité Active Durable) porte à Lyon un projet de lieu totem pour encourager l'entrepreneuriat industriel dans la filière vélo… Qu'ils soient « anciens » et installés ou « jeunes clusters », ces réseaux économiques expriment de plus en plus le besoin d'incarner leur dynamique partenariale dans des lieux d'innovation, parfois pour rechercher un effet vitrine, parfois pour compléter une offre de services collectifs par de l'accompagnement individuel, parfois aussi dans le principal but de réancrer dans le territoire un écosystème qui, au gré de ses projets et de ses partenariats, a parfois pris une dimension supra-territoriale telle qu'il « décolle un peu les pieds de la terre ».

Ce qui est vrai des lieux d'innovation portés et animés par des clusters d'entreprises ou pôles de compétitivité, l'est aussi pour leurs démarches, plutôt récentes également, d'économie circulaire. L'ambition première qui a prévalue à la structuration des clusters et des pôles au cours des 20 dernières années était d'accompagner les entreprises et leur filière territoriale à produire, en coopération, des innovations pour renforcer leur compétitivité nationale ou internationale : nouvelles technologies, nouveaux produits, nouveaux marchés, nouveaux clients, nouvelles démarches commerciales, nouvelles pratiques RH, etc. La stimulation des flux d'affaires échangés entre les membres d'un cluster ou d'un pôle, sur leur territoire d'implantation, était davantage considéré comme un outil au service de l'ambition d'innovation que comme un objectif en soi. Pour autant, face aux grandes transitions sociétales auxquelles les entreprises doivent s'adapter (transition numérique, écologique, démographique notamment), face également aux grands défis économiques qu'elles rencontrent aujourd'hui (repenser des chaînes de production plus sûres, produire en consommant moins de ressources, travailler en coopération pour mieux s'ajuster aux exigences d'une économie mondialisée en pleine révolution avec les limites que la récente crise sanitaire a mis en évidence…), les clusters et les pôles expriment un intérêt nouveau et vif pour les démarches d'économie circulaire. Evidemment, ces clusters et pôles étant des écosystèmes territoriaux structurés où le niveau d'interconnaissance entre les acteurs associés est fort et où la relation de confiance est particulièrement cultivée selon les principes déjà très étudiés de la *coopétition*, ils sont des organisations naturellement propices au développement de ces pratiques et à l'obtention de résultats rapides.

Riche de ces premières observations capitalisées au sein de son réseau, France Clusters a eu le plaisir de s'associer à Gwénael Doré pour produire, en 2018 et 2019, avec l'appui de l'Institut de recherche de la Caisse des dépôts et consignation, l'INRA, l'ANPP (Association Nationale des Pôles Territoriaux et des Pays) et le soutien de l'Europe dans le cadre d'un financement FEADER animé par le Réseau Rural National, deux études de capitalisation et plusieurs évènements d'échanges d'expériences qui viennent aujourd'hui nourrir cet ouvrage : un mémento de bonnes pratiques sur « *les lieux d'innovation pour développer des coopérations interentreprises sur les territoires* » et une analyse d'initiatives territoriales sur le thème « *Economie de proximité, économie circulaire et écologie industrielle et territoriale, à partir d'initiatives de pôles de compétitivité, clusters d'entreprises, PTCE et de territoires* ».

La publication de cet ouvrage par Gwénael Doré, en cette fin d'année 2021, dans le contexte très particulier de relance économique est une formidable opportunité que – je n'en doute pas – saisiront tous ceux qui, sur les territoires, accompagnent leur développement. Il apporte en effet des pistes d'actions tout à fait concrètes à ceux qui souhaitent aujourd'hui inscrire leur mission dans la construction d'un « monde économique d'après Covid » qui nous permettra collectivement de gérer différemment la croissance économique, la mondialisation, la consommation à outrance et les inégalités qui se sont accrues lors des dernières décennies.

PRESENTATION

Aujourd'hui, les acteurs locaux se mobilisent pour répondre à divers enjeux : alimentation, consommation, gestion des déchets, emploi, entrepreneuriat, financement d'initiatives et de création d'entreprises, services, créativité…

En France, la décentralisation des années 1982-1982 va susciter de nombreuses initiatives pilotées notamment par les collectivités territoriales :

- ainsi, dès les années 1980 en France vont émerger des actions de financement au service de projets entrepreneuriaux (plate-forme d'initiative locale), amplifiées par le *crowfunding*, ainsi que des expériences limitées de système d'échange local et de monnaie locale,

- dans les années 1980, l'Etat va également confier aux collectivités territoriales à partir d'expériences locales (régie de quartier) l'encadrement des politiques d'insertion (mission locale, 1982, plan local pour l'insertion et l'emploi, 1998), prolongé en 2016 par l'expérimentation « Territoires zéro chômeurs de longue durée », cependant que d'autres dispositifs vont également dans le même sens (coopérative d'activité et d'emploi, clause sociale),

- à partir des années 2000, s'affirment les circuits courts en alimentation, en économie circulaire et en énergie,

- les années 2010 voient la floraison des tiers-lieux, soutenus par les pouvoirs locaux et l'Etat,

- parallèlement sont votées des lois encourageant des approches multi-partenariales (sociétés coopératives d'intérêt collectif, 2001, pôles territoriaux de coopération économique, 2014), cependant que les collectivités territoriales appuient les initiatives, notamment via la commande publique.

Les démarches présentées dans cet ouvrage s'organisent souvent dans un cadre d'économie sociale et solidaire ou publique, mais également hybride, voire strictement privé. Elles concernent des réalisations locales, des dispositifs institutionnels et des financements.

Ces expériences oscillent entre une amélioration du système économique dominant et une perspective de démocratisation de la société et reflètent différentes logiques socio-économiques : don, réciprocité, recherche du profit (Juan *et alii*, 2020), cependant qu'un intérêt croissant s'exprime pour les communs (Ostrom, 1990).

Ces initiatives sont menées le plus souvent par des groupes locaux, généralement appuyés par des dispositifs et des financements des pouvoirs publics (collectivités territoriales, Etat, Europe).

Dans un contexte de croissance de l'économie immatérielle, on constate ainsi paradoxalement le développement de lieux physiques favorisant la coopération d'entreprises et de travailleurs. Se généralisent ainsi notamment des tiers-lieux, des espaces de *coworking*, des *fab labs* et des espaces physiques de mutualisation d'infrastructures et de services au profit d'entreprises. Leur création est suscitée par des collectivités territoriales à la recherche d'un renouvellement de leur politique de développement et par des *clusters* regroupant des entreprises (Chapitre 2).

Par ailleurs, des associations d'entrepreneurs, des clusters et des collectivités territoriales prennent des initiatives en matière d'économie circulaire et, en particulier, d'écologie industrielle et territoriale (EIT). Ces démarches renforcent l'économie de proximité et la mise en place de circuits courts. En effet, il apparaît que la proximité géographique est le plus souvent nécessaire au transfert de flux : énergie, eau, déchets… (Chapitre 3).

Outre la présentation des principaux concepts, nous présentons des études de cas, études réalisées pour l'association nationale France Clusters, soutenue par l'Institut CDC pour la Recherche et l'INRA. Nous remercions tout particulièrement Xavier Roy (France Clusters) et Isabelle Laudier (CDC) pour leur soutien et leur confiance ainsi que Frédéric Wallet et André Torre (INRA) pour leur contribution à ces recherches et l'ANPP (Michaël Restier) pour la réalisation de cartes.

L'objectif de cette étude pour France Clusters, qui anime un réseau de quelque 400 « pôles » en France (« systèmes productifs locaux », grappes d'entreprises et pôles de compétitivité) était de fournir à ses membres des références pour les inciter à s'engager dans une perspective d'économie verte et de *cleantech* (Depret et Hamdouch, 2010), tout en s'inscrivant dans une approche de création de valeur au travers « des infrastructures que l'entreprise construit autour d'elle » (Maillefert et Robert, 2017).

Communs

Le terme de communs est de plus en plus utilisé par les chercheurs et les universitaires, notamment à la suite de l'attribution du prix de la banque de Suède en sciences économiques (le « prix Nobel » d'économie) à E. Ostrōm en 2009. Les travaux de E. Ostrōm mettent en avant de nombreux cas où des groupes permettent de gérer de manière pérenne des ressources communes et échappent à la tragédie des communs décrite par G. Hardin. G. Hardin entendait démontrer dans un article de 1968 : « The Tragedy of the Commons » (« La tragédie des communs »), l'incompatibilité entre la propriété commune d'une ressource et son exploitation durable (la propriété et la gestion par des communautés et des groupes y sont décrites comme menant inexorablement à la destruction de la ressource, à la « tragédie »). E. Ostrōm a montré au contraire que la surexploitation des communs peut être évitée dès lors que des utilisateurs s'organisent pour gérer le bien selon des règles de partage et de réciprocité.

Les communs sont des ressources, gérées collectivement par une communauté qui établit des règles et une gouvernance dans le but de préserver et de pérenniser ces ressources en fournissant la possibilité et le droit de l'utiliser par tous. Les communs impliquent que la propriété n'est pas conçue comme une appropriation ou une privatisation mais comme un usage. Hors de la propriété publique et de la propriété privée, les communs forment donc une troisième voie. E. Ostrōm parle de faisceaux de droits pour caractériser la propriété commune.

On peut définir ces communs par trois éléments : une ressource, matérielle ou immatérielle, telle qu'un champ, un lieu ou des données, la gestion par une - communauté ouverte d'habitants, utilisateurs, appelés « commoners » et le fonctionnement selon des règles transparentes choisies par la communauté, ou consenties, qui visent au partage et à la préservation de la ressource afin

Les ressources (communs) peuvent être matérielles : communs naturels (ressource naturelle, cours d'eau, forêts, pâturages, zones humides, potager urbain, semences…) ou immatérielles ; culturels ou informationnels, communs de la connaissance (savoir-faire, code génétique, logiciel, Wikipédia…).

La communauté est un groupe de personnes qui se déclarent ou se considèrent solidaires, c'est à dire liés par une responsabilité commune, des intérêts communs… La ressource doit être la plus ouverte possible : sa gestion est transparente et commune en vue de favoriser la contribution de tous, de faire en sorte que la ressource ne soit pas accaparée par un groupe d'individus et de favoriser sa duplication. Pour mettre en place un système efficace, il faut faire en sorte que la ressource soit partagée, accessible et appropriable par le plus grand nombre.

La notion de communs ouvre à une nouvelle approche de la gestion des services publics, qui fait davantage participer les usagers, les habitants.

Une ressource territoriale est un système qui contient plusieurs ressources qui forment un tout. L. Kebir et F. Wallet (2019) ont proposé une approche des « biens communs territoriaux », des communs qui « engagent, par l'objet ou le processus qu'ils concernent, un processus de développement territorial ou régional » ; ils situent dans cette catégorie les systèmes territoriaux, tels que les districts ou les *clusters,* en tant que construits collectifs et situés gérant un « pool complexe de ressources communes » dont le principal objectif est d'accroître la capacité d'innovation des acteurs sur le territoire.

N.-B. : Il ne faut pas confondre un « commun » avec un « bien commun ». Un bien commun est quelque chose qui appartient à tous mais qui n'est pas forcément géré comme un commun ; ainsi, l'atmosphère appartient à tous. C'est un « bien commun », mais pour autant ce n'est pas un commun.

CHAPITRE 1 : LES ACTEURS DU DEVELOPPEMENT ECONOMIQUE LOCAL

SECTION 1 : LE ROLE DES COLLECTIVITES TERRITORIALES EN FRANCE

2.1. Communes, intercommunalités, départements, régions.

Les communes sont les plus petites subdivisions administratives en France. Elles ont été créées par la Révolution française de 1789, mais c'est une loi du 5 avril 1884 qui en a fixé les principes généraux d'organisation et de compétences.

L'intercommunalité (ou coopération intercommunale) correspond à la libre volonté des communes d'élaborer des projets communs de développement au sein de périmètres de solidarité. Il s'agit de permettre aux communes qui se regroupent au sein d'un établissement public, de gérer en commun des équipements ou des services publics, et/ou d'élaborer des projets de développement et d'aménagement/urbanisme, à l'échelle d'un territoire plus vaste que celui de la commune. Ce sont des Etablissements publics de coopération intercommunale à fiscalité propre (communautés de communes ou d'agglomération notamment) réunissant plusieurs communes autour d'une mise en commun de compétences et des ressources fiscales (d'où leur nom : « à fiscalité propre »). L'intercommunalité est la solution française face à l'éparpillement communal (36 000 communes, 40% des communes de l'Union européenne).

Une forme particulière d'intercommunalité est constituée par les PETR (Pôles d'équilibre territoriaux et ruraux) créés par la loi Modernisation de l'action publique territoriale et d'affirmation des métropoles (MAPTAM) du 27 janvier 2014. Ce sont des syndicats mixtes permettant la coopération de plusieurs communautés (notamment de communes) pour mettre en œuvre un projet de territoire. Ils permettent à des communautés plutôt rurales, généralement trop petites, de mener des projets économiques d'envergure. Ils constituent en quelque sorte la prolongation des Pays consacrés par la Loi d'orientation d'aménagement et de développement durable du territoire de 1999 (Loi Voynet). Les PETR sont financés par les cotisations de leurs membres et des subventions (notamment région, Etat, Europe).

Les départements ont été créés par la Révolution française de 1789, et c'est une loi du 10 août 1871 qui leur a donné le statut de collectivité territoriale.

Les régions n'ont été instaurées comme collectivité territoriale qu'en 1982 et elles ont vu leur assemblée élue au suffrage universel (à la proportionnelle) pour la première fois en 1986, mais depuis 1964, elles étaient devenues un niveau d'organisation administrative, avec un préfet de région et une commission de développement économique régional (CODER). En 1969 échoue le référendum du Général de Gaulle sur la création des régions sous la forme de collectivités territoriales, et en 1972 sont créés les établissements publics régionaux aux compétences réduites et avec un conseil régional non élu au suffrage universel direct, le préfet de région constituant l'exécutif. La révision constitutionnelle du 28 mars 2003 a consacré l'existence juridique des régions.

Les communes représentent la plus grande partie des budgets des trois niveaux de collectivités. En 2013, sur 217,8 Md€ (162,6 Md€ en fonctionnement et 55,2 Md€ en investissement), le bloc local en représentait 56% (communes : 43%, intercommunalités : 13%), devant les départements (32%) et les régions (12%). Ces différences s'expliquent notamment par l'importance des frais de fonctionnement, en particulier des frais de personnel (plus du tiers des dépenses du bloc local)[1].

2.2. La répartition des compétences.

La clause générale de compétence est réservée aux communes depuis la loi portant sur la Nouvelle Organisation des Territoires de la République (NOTRe) de 2015 : en principe, elles peuvent donc intervenir dans tous les domaines qui regardent la collectivité ou l'intérêt public local, et pas seulement dans les domaines que la loi leur attribue expressément.

Les principales compétences des communes sont la gestion des écoles du premier cycle (écoles primaires et maternelles), l'urbanisme, l'action sociale, les crèches et les services aux personnes âgées, la voirie, les transports, le ramassage et le traitement des ordures ménagères, l'assainissement, le sport et la culture, mais ces domaines sont de plus en plus transférés aux intercommunalités.

Les intercommunalités ne disposent que des compétences qui leur ont été expressément déléguées par les communes.

---

1 Waserman F., 2018, *Les finances publiques*, La Documentation française.

Depuis la loi NOTRe de 2015, les départements et les régions ont des compétences fixées par la loi, dans un cadre de spécialisation de compétences.

Tableau 1 - Tableau simplifié des compétences des différents niveaux de collectivités

Communes	Intercommunalités
Clause de compétence générale	*Compétences transférées par les communes*
Création et gestion écoles maternelles et élémentaires	Développement économique
Plan local d'urbanisme (PLU)	Sous certaines conditions, Plan local d'urbanisme (PLUi)
Zones d'aménagement concerté (ZAC)	Création d'offices du tourisme
Entretien de la voirie	Collecte et traitement des déchets ménagers
Centres communaux d'action sociale	Assainissement et Eau
Crèches	Prévention contre les inondations
Foyers pour personnes âgées	Aires d'accueil des gens du voyage

Départements	Régions
Spécialisation des compétences	*Spécialisation des compétences*
Construction, entretien, équipement des collèges	Construction, entretien, fonctionnement des lycées
	Formation professionnelle Apprentissage
Aide Sociale à l'Enfance, Protection Maternelle et Infantile (PMI), Maisons de retraite	Définition des orientations concernant la politique économique (SRDEII) Aides aux entreprises
Interventions pour filières agricole, forestière, aquatique	Schéma régional d'aménagement du territoire (SRADDET)
	Transports ferroviaires régionaux (TER), non urbains routiers, scolaires
Voirie départementale	Gestion des fonds européens

Source : Doré, 2021

Des compétences sont partagées entre les différents niveaux de collectivités : le tourisme, le sport, la culture, l'éducation populaire, les langues régionales et les TIC (Technologies d'information et de communication).

2.3. Les différents niveaux d'intercommunalité à fiscalité propre

Les communautés se répartissent en différents niveaux d'intégration des compétences en fonction de la taille de population : communautés de communes désormais à partir de 15 000 habitants en règle générale, communautés d'agglomération à partir de 50 000 habitants, communautés urbaines à partir de 250 000 habitants, métropoles à partir de 400 000 habitants.

Tableau 2 – Les différents niveaux d'intercommunalité à fiscalité propre

	Communauté de communes (CC)	Communauté d'agglomération (CA)	Communauté urbaine (CU)	Métropole
Loi	1992	1999	1966	2010
Conditions démographiques	15000 habitants (loi NOTRe 2015)	> 50 000 habitants dont une ville > 15 000 hab.	> 250 000 habitants (depuis MAPTAM 2014)	400 000 habitants (loi MAPTAM 2014)
Compétences obligatoires (au départ)	Aménagement de l'espace Développement économique	Développement économique Aménagement de l'espace communautaire Habitat sur le territoire communautaire Politique de la ville	Développement économique Aménagement de l'espace Habitat Politique de la ville Services d'intérêt collectif Environnement	Larges + Transfert conventionnel possible de compétences du Département, de la Région et de l'Etat
Compétences optionnelles (au départ)	Environnement Habitat Voirie Équipements culturels, sportifs	Voirie Environnement Assainissement Eau Équipements culturels, sportifs		

Source : Doré, 2021

On distingue trois types de compétences des intercommunalités :

- obligatoires : celles que la communauté exerce de plein droit, en lieu et place des communes :

- optionnelles : celles que la communauté est libre de retenir parmi un ensemble de compétences (catégorie supprimée par la loi Engagement et proximité de décembre 2019) ;

- facultatives : celles non prévues par la loi (Chevènement, 1999) mais que la commune peut déléguer à la communauté d'un commun accord.

2.4. La montée en puissance de l'action économique des collectivités

En France, les lois de décentralisation de 1982-1983 (suppression du contrôle à priori des actes des collectivités par le Préfet, représentant de l'Etat) vont favoriser les initiatives économiques des collectivités. Après un rôle d'aménageur, puis une politique de soutien d'entreprises en difficulté, se développe une action centrée sur l'environnement de l'entreprise et l'intercommunalité (dispositifs locaux, partenariats, contrats).

On observe ainsi un renversement entre investissements immatériels et matériels et à une nouvelle hiérarchie des actions de développement local classées en cinq catégories par P. Le Galès (1989)

1 – Des actions dites de "catalyseur du développement" et de création institutionnelle consistent tout particulièrement en un travail de préparation et d'organisation d'un "plan de développement local", et porté souvent par une agence de développement, voire une "task force" pour certains secteurs économiques, et en tous cas des collaborations entre les secteurs privé, public et associatif.

2 – Des actions de qualification des ressources humaines (emploi/formation) regroupent diverses actions de formation, ainsi que les interventions en faveur des publics désavantagés sur le marché du travail (y compris, par le développement d'"entreprises intermédiaires").

3 – Des actions de promotion/communication recouvrent la publicité directe pour une localité, la promotion plus spécifiquement orientée vers l'attraction d'entreprises, l'organisation de manifestations en tous genres (congrès, foires...).

4 – Des actions d'assistance aux entreprises : offre de services particuliers (aide à la création et au développement d'entreprises, mise à disposition de conseil en organisation et d'aide à la recherche ou au transfert des recherches et technologies nouvelles), création de services interentreprises (restauration, communications...), et

assistance financière : subventions, exonérations fiscales, bonifications d'intérêt, garanties d'emprunt, prises de participation dans le capital.

5 – Les actions de "planification urbaine" ("urban planning"), portant sur la mise à disposition d'infrastructures.

Dans de nombreuses collectivités, on assiste à une œuvre de "création institutionnelle" (Teisserenc, 1994) passant par une floraison d'outils : agence de développement économique effectuant prospection étrangère et services aux PME-PMI, société de développement (Société d'économie mixte) axé sur l'immobilier d'entreprises, agence d'urbanisme remplissant des fonctions d'étude et d'observatoire, développement de fonctions technopolitaines et universitaires, structures d'insertion…

2.5. L'affirmation d'un couple intercommunalité-région

Action économique de l'EPCI.

L'EPCI à fiscalité propre mène les actions de développement économique suivantes :
- création, aménagement, entretien et gestion de zones d'activité industrielle, commerciale, tertiaire, artisanale, touristique, portuaire ou aéroportuaire,
- politique locale du commerce et soutien aux activités commerciales d'intérêt communautaire,
- promotion du tourisme, dont la création d'offices de tourisme.

Les communes conservent la possibilité de mener des actions de soutien aux activités commerciales ne relevant pas de l'intérêt communautaire, attribuer des subventions à des entreprises d'exploitation de salles de spectacle cinématographique et accorder des aides pour assurer la création ou le maintien d'un service nécessaire à la satisfaction des besoins de la population en milieu rural.

Action économique de la région.

La région a en charge la définition des orientations en matière de développement économique (article 2 de la loi NOTRe de 2015). Elle élabore - en collaboration avec les EPCI à fiscalité propre - un schéma régional de développement économique, d'innovation et d'internationalisation (SRDEII). Les orientations de ce schéma portent sur les aides aux entreprises, le soutien à l'internationalisation, les aides à l'investissement immobilier et à l'innovation des entreprises, l'attractivité du territoire régional, et le développement de l'économie sociale et solidaire. La région a la compétence exclusive pour définir les régimes d'aides et pour décider de leur octroi aux entreprises dans la région, y compris à des entreprises en difficulté.

Bien que la loi NOTRe prévoyait une dimension prescriptive aux SRDEII, celle-ci reste limitée : ainsi selon un rapport de l'Inspection générale de l'administration de 2017, « beaucoup de SRDEII donnent une grille de lecture de l'économie régionale, définissent des principes d'intervention (ex : non dumping social), fixent des priorités en matière de filières mais n'ont pas véritablement de caractère prescriptif (obligation de faire ou de ne pas faire) »[2].

Un couple région/intercommunalité s'affirme au cours des années : ceci est manifeste dans trois domaines : aménagement et urbanisme, transports et mobilité, action économique.

Tableau 3 - Le couple intercommunalités/région

	Région	EPCI à fiscalité propre
Action économique	Schéma régional de développement économique, d'innovation et d'internationalisation (SRDEII). Aides aux entreprises	Zones d'activité Commerce Tourisme

Le département, spécialisé dans l'action sociale, ne conserve que des compétences résiduelles en matière économique, au travers d'interventions en faveur des filières agricole, forestière, aquatique. Prenant en compte les critiques relatives à la rigidité de la spécialisation des compétences et à la suppression de la clause de compétences des départements, instaurée par la loi NOTRe de 2015, la loi Engagement et proximité du 29 décembre 2019 a prévu, alors que les aides économiques sont désormais du ressort de la région, qu'en cas de catastrophe naturelle et afin de permettre une intervention rapide, le préfet puisse désormais autoriser le département à verser des aides aux entreprises sinistrées. Par ailleurs, le département pourra également cofinancer des aides régionales en faveur des organisations professionnelles du secteur de la pêche et de l'aquaculture comme il le fait dans le secteur agricole.

---

[2] IGA, Inspection générale de l'administration, 2017, *Délégation de compétences et conférence territoriale d'action publique, de nouveaux outils au service de la coopération territoriale,* mai.

SECTION 2 : LES STRUCTURES PUBLIQUES ET OUTILS DE DEVELOPPEMENT

Nous présentons dans cette section les principaux outils de développement économique mis en place par les collectivités territoriales : un outil généraliste, les agences de développement, deux outils en faveur de la création d'entreprises, les pépinières et les incubateurs, et deux dispositifs d'économie sociale et solidaire, les SCIC et les PTCE.

2.6. Les agences de développement économique

Les agences de développement économique sont des associations à but non lucratif, créées à l'initiative de collectivités territoriales afin de contribuer à l'élaboration et à la mise en œuvre de stratégies de développement économique. Elles peuvent être portées au niveau des régions et des départements (jusqu'à la loi NOTRe de 2015 pour les départements) ainsi que les intercommunalités.

A partir des années 1945 -1950, on a assisté au développement de comités d'expansion économique sur le territoire national à l'initiative des collectivités locales. En 1999, la loi d'orientation pour l'aménagement et le développement durable du territoire codifie l'existence des comités d'expansion économique, et change leurs dénominations en agences de développement économique. En 2015, la loi NOTRe limite la possibilité pour les départements « de participer aux financements d'organisme concourant au développement économique de leur territoire » entraînant la disparition de nombreuses agences à l'échelon départemental.

Les missions des agences (codifiées à l'article 49 de la loi d'orientation pour l'aménagement et le développement durable du territoire) sont les suivantes :
- accompagner les entreprises dans les territoires dans leurs stratégies d'installation, de développement et d'innovation en apportant un soutien technique mais aussi financier.
- promouvoir l'attractivité et la compétitivité des territoires, en prodiguant des conseils pour le développement territorial, l'offre de services, la gestion des zones d'activités et de l'immobilier d'entreprise.
- produire et diffuser des connaissances relatives au développement économique des territoires (veille et état des lieux, études et réflexions stratégiques, prospectives), en organisant et animant des réseaux, des centres de ressources et des banques de données.

Leur mode de financement repose sur les cotisations des adhérents (collectivités territoriales, Chambres consulaires, entreprises, organismes syndicaux). Les agences sont administrées par des conseils associant tous les partenaires de la vie économique locale ; le conseil d'administration se décompose généralement en quatre collèges : collectivités territoriales, chambres consulaires, organismes patronaux et des syndicats de salariés, personnalités qualifiés (éducation, banque, transport…).

Le CNER, fédération des agences de développement économique, anime le réseau des agences au niveau national (22 agences régionales ou interrégionales, 50 agences départementales, 28 agences locales en 2015).

2.7. Les pépinières d'entreprises

Les pépinières d'entreprises sont des structures créées par un organisme public. Destinées aux entrepreneurs ayant créé leur entreprise, elles les accompagnent dans leur développement et leur proposent des services, afin d'optimiser les chances de réussite. Les pépinières hébergent les créateurs d'entreprises pendant les premières années de leur activité (de 2 à 4 ans) : au cours de cette période, la jeune entreprise paye un loyer réduit.

Les pépinières proposent principalement des bureaux d'activité. Certaines pépinières proposent également des ateliers de plus grande surface, pour les activités de petite production ou de prototypage, ainsi que des locaux de stockage. Quelques pépinières spécialisées proposent également des laboratoires, pour les activités technologiques de pointe.

En complément des loyers bonifiés, les pépinières proposent à la jeune entreprise un accès partagé à des équipements, à des prix compétitifs : photocopieuse, fax, affranchissement de courrier, accès Internet haut débit, salles de réunion équipées, service d'accueil téléphonique, secrétariat pour les prises de rendez-vous, Internet haut débit...

L'autre avantage est l'accompagnement et le suivi de projet apporté au créateur d'entreprise. La pépinière est le lieu idéal pour tisser des réseaux professionnels, échanger avec d'autres entrepreneurs, partager leurs expériences, leurs problématiques, etc.

Il existe deux types de pépinières :
- les pépinières d'entreprises généralistes, qui hébergent tout type d'activités, excepté le commerce de détail,
- et les pépinières d'entreprises innovantes, qui accueillent en priorité les projets innovants et / ou technologiques.

La plupart des pépinières d'entreprises proposent également une solution d'hôtel d'entreprises en sortie de pépinière.

2.8. Les incubateurs

Les incubateurs d'entreprises ou accélérateurs de startup sont des structures d'accompagnement de projets de création d'entreprises, qui ont pour objectif de transformer une idée innovante en entreprise performante.

Acteurs de l'innovation, les incubateurs jouent un rôle essentiel dans la maturation d'un projet innovant. Présents à la fois en amont de la création et au cours de la vie de l'entreprise, ils mettent à disposition des porteurs de projet une multitude de services leur permettant de se lancer dans les meilleures conditions. Ils concourent ainsi à la formation d'un écosystème propice à l'émergence et au développement de startups.

Les principales familles d'incubateurs sont les suivantes : les incubateurs publics dit incubateurs "Allègre" consistant à favoriser le transfert de technologies développées dans les laboratoires de recherche publique par la création d'entreprises innovantes, les incubateurs rattachés aux grandes écoles, les incubateurs de collectivités locales, les incubateurs privés.

L'offre de services varie d'un incubateur à l'autre : un accompagnement personnalisé par un ou plusieurs chargés d'incubation, une intervention d'experts techniques, un accès à une communauté d'anciens incubés, un hébergement à un prix pouvant être inférieur au prix du marché, la mise à disposition de matériels et de services, de technologies, la mise en relation avec des investisseurs, l'apport de capitaux moyennant une prise de participation.

2.9. Les sociétés coopératives d'intérêt collectif (SCIC)

Le statut de société coopérative d'intérêt collectif (SCIC) a été créé par une loi du 17 juillet 2001 portant diverses dispositions d'ordre social, éducatif et culturel (article 36). Une SCIC est une société coopérative de forme commerciale à gestion désintéressée. Elle promeut des valeurs collectives et doit avoir un double objectif : efficacité économique et dimension sociale. Elle a pour objet la production ou la fourniture de biens ou de services d'intérêt collectif qui présentent un caractère d'utilité sociale.

On y retrouve trois types d'associés : les salariés de la SCIC, les bénéficiaires de l'activité de la coopérative et au moins une troisième catégorie (au choix : collectivités publiques, financeurs, bénévoles, etc.). Selon le principe général de la coopération, chaque sociétaire dispose d'une et d'une seule voix à l'assemblée générale (« un associé = une voix »), indépendamment de ses parts dans le capital social.

Cette forme de société est intéressante pour mener des projets collectifs d'un territoire, en favorisant la meilleure mobilisation des ressources économiques et des compétences sociales. Ce statut permet d'intégrer facilement des collectivités publiques en France (passage du plafond de capital pouvant être détenu par des collectivités territoriales de 20 % à 50 %, loi 2014-856 du 31 juillet 2014).

Ce statut connait une progression (chiffres 2018 de la CGSCOP) :
- + 15% de SCIC de 2016 à 2017,
- + 75% de créations ex-nihilo,
- 90% de coopératives existent toujours 3 ans après leur création.

2.10. Les pôles territoriaux de coopération économique (PTCE)

Un pôle territorial de coopération économique (PTCE) est un groupement d'acteurs (collectivités locales, entreprises, acteurs de la recherche/formation), ancrés sur un territoire qui visent à développer ensemble des projets économiques innovants, par une stratégie de coopération et de mutualisation. Les PTCE ont pour vocation de dynamiser les territoires en favorisant l'essor des projets d'économie sociale et solidaire qui ont un fort impact local et qui créent des emplois majoritairement non délocalisables tout en respectant les hommes et l'environnement.

Un article 9 de la loi sur l'économie sociale et solidaire de 2014 reconnaît les PTCE et soutient leur développement. Elle en donne la définition suivante : « les PTCE sont constitués par le regroupement sur un même territoire d'entreprises de l'économie sociale et solidaire (…) qui s'associent à des entreprises, en lien avec des collectivités territoriales, des centres de recherche, des établissements d'enseignement supérieur et de recherche, des organismes de formation ou tout autre personne physique ou morale pour mettre en œuvre une stratégie commune et continue de mutualisation, de coopération ou de partenariat au service de projets économiques et sociaux innovants socialement ou technologiquement et porteurs d'un développement local durable ».

En 2013, un premier appel à projets a été lancé par l'Etat pour impulser le développement des PTCE en France. Il a recueilli 180 candidatures et sélectionné 23 dossiers en vue de les financer. Une enveloppe globale de trois millions d'euros a été répartie pour la période 2013-2014. Les fonds ont été accordés prioritairement aux PTCE en phase de consolidation et aux PTCE émergents.

Un deuxième appel à projets a été initié en 2015. Le budget global alloué à cette opération est de 2,7 millions d'euros.

SECTION 3 : LES COOPERATIONS LOCALES D'ENTREPRISES

A. Marshall, père de l'économie industrielle et de l'économie spatiale avait mis en évidence, dès la fin du 19ème siècle, les avantages tirés par la localisation des entreprises à proximité les unes des autres et affirmé que « les recettes de l'industrie sont dans l'air » et que les techniques se transmettent bien mieux eu sein d'une même zone géographique.

L'approche des *clusters* vise à favoriser la collaboration d'entreprises souvent géographiquement et sectoriellement proches ainsi qu'avec les laboratoires et établissements scientifiques et de formation, au service de la recherche en innovation et de la conquête de nouveaux marchés. Cette approche a connu un succès important au cours des dernières décennies un peu partout à travers le monde, au point de devenir un des référentiels essentiels des activités d'innovation et de production des économies nationales ou locales (Courlet, 2002, Muchnik et de Sainte Marie, 2010).

Au-delà du cas emblématique de la *Silicon Valley* aux États-Unis, cette approche a concerné en France des cas aussi différents que les technopôles, les parcs d'activités, les parcs scientifiques, les systèmes productifs localisés (SPL), les pôles de compétitivité ou les grappes d'entreprises, y compris dans des activités moins axées sur le *high-tech* comme les productions alimentaires ou les services. Cette approche a connu diverses déclinaisons selon les politiques publiques menées dans différents grands États : par exemple, politiques de *clusters* ou de technopôles lancées en Allemagne ou au Japon ou politique des *arranjos productivos locais* (APL) au Brésil (Joyal, 2008)].

En France, la coopération d'entreprises au niveau local est encouragée par les pouvoirs publics depuis la fin du 20ème siècle. Les clusters, les districts industriels, les systèmes productifs localisés sont des réseaux d'entreprises constitués majoritairement de PME et de TPE, fortement ancrées localement, souvent sur un même créneau de production et une même filière. Les technopôles, notion apparue en France vers 1970, sont des espaces dédiés aux hautes technologies situés dans une agglomération. Enfin, dans les années 2000, ont été lancés en France des pôles de compétitivité visant à rassembler, sur un territoire et sur une thématique ciblée, d'entreprises petites, moyennes ou grandes, de laboratoires de recherche et d'établissements de formation.

3.1. Les technopoles

La technopole est définie comme « la réunion en un même lieu d'activités de haute technologie (électronique, chimie, biologie...), centres de recherche, entreprises, universités, ainsi que des organismes financiers facilitant les contacts personnels entre ces milieux » (Manzagol, 1995). Les technopoles s'attachent au développement scientifique en englobant un processus allant de l'étape du laboratoire jusqu'à celle de la fabrication du produit. En France, les premières technopoles ont souvent été créées à l'initiative de l'État ou des collectivités locales. La création de technopoles fut mise en œuvre par des villes dont les stratégies de développement économique s'appuyaient sur la valorisation d'un potentiel universitaire et de recherche. La première technopole en France (1969, 2 400 ha) est celle de Sophia Antipolis, imaginée par le sénateur Pierre Laffitte à l'origine de la Fondation Sophia Antipolis. Proches des technopoles, on compte les parcs technologiques et les parcs scientifiques verts.

3.2. Les districts industriels

Dans les années 1980, des économistes italiens étudiant la Troisième Italie, avaient mis en évidence des districts, caractérisés par la présence diffuse de petites entreprises à caractère souvent familial mais s'engageant de manière compétitive sur le marché mondial à travers une industrie spécialisée. Il s'agit de firmes appartenant à la même branche, qui échangent des produits mais aussi de la main-d'œuvre et entre lesquelles existe une division du travail. L'économiste italien G. Becattini définissait le district industriel comme « une entité socio-territoriale caractérisée par la présence active à la fois d'une communauté de personnes et d'une population de firmes dans une aire naturellement et historiquement liée ».

3.3. Les systèmes de production localisés (SPL)

Les systèmes de production localisés désignent un ensemble caractérisé par la proximité d'unités productives au sens large du terme (entreprises industrielles, de services, centres de recherches et de formation, interfaces, etc.) qui entretiennent entre elles des rapports d'intensité plus ou moins forte au niveau plutôt d'un bassin d'emploi. Parmi les exemples souvent cités, il y a des expériences basées sur une longue histoire : le Choletais, la Vallée de l'Arve, l'horlogerie dans le Jura Suisse…. En France, le soutien des systèmes productifs locaux a été initié par la DATAR en 1998. En 2009, la DATAR a lancé la politique des grappes d'entreprises pour soutenir des groupes d'entreprises ayant des projets communs au niveau d'un territoire.

3.4. Les clusters

Selon M. Porter (1999), professeur américain de stratégie d'entreprise, les clusters sont « des concentrations géographiques d'entreprises liées entre elles, de fournisseurs spécialisés, de prestataires de services, de firmes d'industries connexes et d'institutions associées (universités, agences de normalisation ou organisations professionnelles, par exemple) dans des domaines particuliers, qui s'affrontent mais coopèrent aussi ». Le cluster le plus célèbre est la Silicon Valley, qui regroupe au sein d'un espace géographique limité des petites entreprises de haute technologie, spécialisées dans l'électronique et liées par des relations d'achats-ventes et de confiance permettant le fonctionnement d'un réseau local extrêmement performant de producteurs.

3.5. Les pôles de compétitivité

Dans les années 2000, a été mise en oeuvre en France une politique des pôles de compétitivité, visant à inciter l'innovation dans les entreprises. Cette notion fait du territoire (plutôt conçu à l'échelle régionale) le cadre organisationnel d'une meilleure articulation entre industrie et innovation et la base d'une coopération entre entreprises, laboratoires, universités (production, recherche et développement, transfert et formation). Sur les 71 pôles reconnus par l'État en juillet 2014, il en existait 56 en 2020.

Figure 1 - L'évolution des politiques : une focalisation accrue sur la R&D

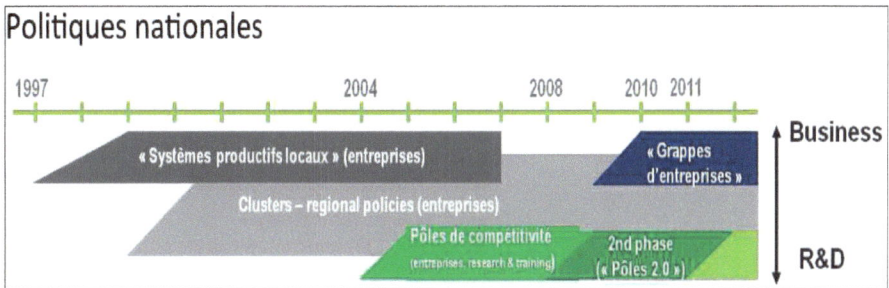

Source : France Clusters

3.6. Prolongements actuels

Les systèmes productifs localisés, en dépit de leurs différences, présentent une ambition commune : localiser et pérenniser, sur un territoire restreint, des activités de production, d'innovation ou de conception, et favoriser la mise en relation et la synergie des membres, en particulier d'entreprises ou de laboratoires. Ces systèmes connaissent aujourd'hui un renouvellement, avec de nouveaux avatars (Torre et Zimmermann, 2015), dont :

– les *écosystèmes d'affaires*, marqués par la volonté de prise en considération des réseaux d'échanges ou d'interactions complexes dans lesquels s'insèrent les firmes et dont le fonctionnement suppose de nombreuses interactions avec une multiplicité d'acteurs (entreprises, laboratoires, centres de formation). Ces écosystèmes d'affaires peuvent s'incarner à l'échelle locale et sont marqués par leurs liens avec les consommateurs industriels ainsi que par des principes de coévolution, c'est-à-dire la recherche d'influences réciproques (Mira-Bonnardel et collab., 2012),

– les *écosystèmes industriels*, qui intègrent des dimensions écologiques et de recyclage aux *outputs* de la production, avec de fortes ambitions de reformulation des enjeux de production sur les territoires. Alors que les systèmes industriels traditionnels se définissent par une succession d'opérations de transformation qui vont de l'utilisation des matières premières à la vente des produits puis au stockage des déchets, les écosystèmes industriels remplacent cette approche par un modèle intégré qui prend en compte le recyclage des déchets et leur réutilisation dans le cycle de production (Jacobsen, 2006).

L'activité d'innovation ne se limite plus aujourd'hui à la forme canonique des *clusters*. Les économistes R. Suire et J. Vicente (2015), spécialistes de l'analyse des systèmes localisés d'innovation, soulignent qu'« en parallèle aux politiques de *clusters* basées sur les incitations à la collaboration, des dispositifs de coordination et d'animation des réseaux socio-économiques plus souples ont émergé » (p. 22). Considérés par plusieurs comme des *microclusters* (Suire et Vicente, 2015) ou des tiers-lieux au sens de R. Oldenburg (1991), c'est-à-dire des lieux qui facilitent les échanges entre salariés, ces dispositifs prennent des formes diverses, comme nous le présentons dans la section suivante. Ce sont des espaces hybrides, à mi-chemin entre la sphère professionnelle et la sphère publique (Pin, 2016), et ils ont vocation à structurer des collectifs innovants. On y trouve des initiatives de différents types d'acteurs : entreprises, associations, consommateurs et usagers, pouvoirs publics. Une bonne partie de ces tiers-lieux s'avère aujourd'hui liée à des systèmes locaux, qui ont tendance à procéder par regroupement géographique d'acteurs dans la perspective de solutions à des problèmes communs. L'ensemble constitue des écosystèmes d'innovation.

CONCLUSION

La conduite des politiques économiques locales souligne l'importance de l'intermédiation qui peut être définie comme « un processus territorialisé de coordination des acteurs et de leurs relations sociales » (Nadou et Talandier, 2016). « Incarnée par des acteurs intermédiaires et matérialisée par des dispositifs et outils particuliers, elle prend la forme de modes et processus de régulations entre acteurs du système territorial » (Nadou et Pecqueur, 2020). Les pratiques d'intermédiation peuvent être décomposées en cinq fonctions majeures (Bourdin *et alii*, 2020) : entremetteur (rencontres), facilitateur (diffusion de connaissances), médiateur (création de la confiance), orchestrateur (entretien du réseau), innovateur…

Les politiques de développement territorial apparaissent alors comme « des coproductions qui mettent en présence et en interaction les pouvoirs publics et les initiatives locales portées par la société civile, les élus pouvant jouer en la matière un

rôle non seulement de facilitation, mais aussi et surtout de portage et de légitimation »
(Itçaina *et alii*, 2007). L'ensemble de ces processus favorise les projets de
développement économique sur les territoires.

CHAPITRE 2 : DE NOUVEAUX LIEUX D'INNOVATION EN FRANCE

INTRODUCTION

On assiste à l'émergence de nouveaux lieux d'innovation, notamment au sens physique de mutualisation de services au profit d'entreprises et de travailleurs. Nombre de ces espaces n'émergent pas de manière spontanée ; au contraire, ils sont liés à des grappes d'entreprises ou *clusters* (regroupements, généralement dans un bassin d'emplois, d'entreprises du même domaine) ou sont suscités par des territoires à la recherche de mutualisation de services au sein de tiers-lieux afin d'expérimenter de nouveaux modes d'innovation basés sur le partage de savoir-faire. Ainsi, on voit des collectivités territoriales et des *clusters* s'équiper d'infrastructures et de services intégrés qui viennent territorialiser et matérialiser leur réseau, à travers de nombreuses initiatives locales : plateformes de services intégrés, espaces de démonstration (*showrooms),* espaces de cotravail (*coworking*)[3], ateliers collaboratifs (*fab labs*)[4], recherche ouverte en innovation (*living labs*)[5] et centres de ressources et de formation.

Dans un contexte de croissance de l'économie de l'immatériel (ou économie du savoir), on constate ainsi paradoxalement le développement de lieux physiques favorisant la coopération d'entreprises et de travailleurs à partir d'une infrastructure immobilière et mobilière (hôtels et pépinières d'entreprises, accélérateurs de jeunes entreprises (*start-ups*), mise en commun de matériel de haute technologie, etc.) complétée par un dispositif d'animation et de mise à disposition de services annexes (reprographie, restauration, etc.). Ces lieux peuvent être le support d'activités salariées, mais aussi de loisir, en particulier dans le cas des *fab labs*, où des projets d'amateurs peuvent déboucher sur des projets de création d'activités à partir des inventions produites. Ils permettent à la fois une proximité physique mais aussi organisée avec des interlocuteurs situés à distance, à travers les réseaux (Torre et Talbot, 2018).

À partir de l'émergence de ces nouveaux lieux d'innovation, plusieurs constats peuvent être faits :
– l'importance des lieux physiques de regroupement des acteurs aujourd'hui traduit, d'une part, que le phénomène de globalisation n'abolit pas les contraintes de la proximité géographique parce que les mécanismes de marché

---

[3] Espaces réunissant plusieurs travailleurs provenant de différentes entreprises.
[4] Contraction de l'anglais *fabrication laboratories*, qui signifie laboratoires de fabrication.
[5] Méthodologie associant les usagers aux processus de recherche et d'innovation.

s'ancrent sur des bases territoriales. Malgré la montée en puissance de l'économie de l'immatériel, la création de valeur économique ne se fait pas indépendamment d'une base matérielle (Pin, 2016);

– il existe un lien entre une démarche de *cluster* et la création d'un lieu d'innovation : il s'agit dans les deux cas de « penser la politique d'accompagnement et de management de façon globale et intégrée » (Suire et Vicente, 2015);

– en matière de mutations sociales provoquées par les technologies de l'information et de communication (TIC), supports incontournables de ces tiers-lieux, les TIC sont « des outils de transformation de la société et des territoires du fait des mutations qu'elles permettent dans les relations sociales (notamment comme outils collaboratifs) ou par l'acquisition d'un nouveau capital culturel » et social (Rieutort, 2016);

– enfin, ces démarches posent des enjeux pour les territoires non métropolitains. En effet, si la plupart des tiers-lieux se trouvent proches des métropoles (Suire, 2013), ils attirent de plus en plus l'attention des territoires ruraux ou périurbains, même si « les choix politiques locaux induisent des positionnements très différents au regard du développement des TIC » (Landel et Leroux, 2012), alors que le télétravail est perçu comme une opportunité par tous les territoires (Lebreton, 2013), ce qui est renforcé par l'épidémie sanitaire qui a débuté en 2020.

Après avoir situé le contexte général du développement des tiers-lieux (section 1), nous présentons les principales données issues des enquêtes (section 2) que nous avons menées auprès d'acteurs localisés dans différentes régions françaises (Auvergne-Rhône-Alpes, Bourgogne–Franche-Comté, Grand Est, Nouvelle-Aquitaine, Provence-Alpes-Côte d'Azur) en dégageant les caractéristiques de ces études de cas, puis les enseignements sur les facteurs clés de succès et les difficultés éprouvées. Enfin, nous traçons quelques perspectives en conclusion.

SECTION 1. DIFFERENTS LIEUX DE MUTUALISATION

Les principales initiatives de mutualisation de services et les nouvelles formes d'organisations du travail peuvent être regroupées de la façon suivante[6] : mutualisation de services aux entreprises dans des lieux physiques, tiers-lieux, espaces de cotravail, *fab labs* et *living labs*.

---

[6] Présentation des principaux concepts à partir des *Cahiers de l'innovation* (Leac, 2015), de Capdevilla (2015) et de la lettre de l'ARADEL (2016).

1.1. Mutualisation de services aux entreprises dans des lieux physiques

On constate de nombreuses expériences de mutualisation de services aux entreprises dans des lieux physiques : projets d'accès à des infrastructures, projets de soutien aux entreprises culturelles, projets de développement numérique, pépinières d'entreprises ainsi que locaux de première transformation (notamment en agroécologie). Ce sont ces expériences que nous avons étudiées en grande partie dans la section suivante.

1.2. Les tiers-lieux

Selon A. Burret (2013), « la démocratisation des nouvelles technologies entamée au début des années 2000 a contribué à l'apparition de nouvelles formes d'espaces publics regroupés sous le vocable de "tiers-lieux" » (p. 1). Le mot *tiers-lieu*, traduit de l'anglais *the Third Place* (Oldenburg, 1991), désigne un lieu intermédiaire entre le domicile et les lieux de travail habituels. Il est souvent utilisé de façon générique pour parler des espaces physiques de rencontres : espaces de cotravail, *fab labs,* etc. Les tiers-lieux se développent avec des modèles économiques et des publics variés. Ils favorisent les interactions entre leurs usagers (travailleurs indépendants, artisans, créateurs d'entreprise (*start-uppers*), salariés, particuliers) et facilitent l'entraide, l'apprentissage mutuel, le travail collaboratif, la créativité (Capdevilla, 2015), voire des projets communs. De façon apparemment contradictoire, ils promeuvent à la fois l'autonomie et la collaboration (Leac, 2015). Un exemple de tiers-lieu est le PROTO204 sur le campus universitaire d'Orsay, à proximité de Paris, qui comprend des espaces de travail et une cafétéria dans le but de faire se rencontrer étudiants et entrepreneurs dans un cadre propice à la création de projets.

On observe actuellement la multiplication des tiers-lieux dans les villes et hors des centres métropolitains. En 2018, on en dénombrait 13 800 à travers le monde (multiplication par 12 entre 2011 et 2017), 1800 en France, dont 46 % hors des 22 métropoles institutionnelles (Levy-Waitz, 2018), et 63 au Québec en 2015, dont 29 à Montréal (Tremblay et Scaillerez, 2015). En France, l'État a lancé en 2019 un programme intitulé Nouveaux lieux, nouveaux liens[7], doté de 45 M€ et visant à encourager 300 « fabriques de territoire », un dispositif pour accélérer le développement de tiers-lieux dans les territoires par du soutien à hauteur de 75 000 à 150 000 € sur trois ans.

---

[7] https://agence-cohesion-territoires.gouv.fr/nouveaux-lieux-nouveaux-liens-56

Alors que des collectivités territoriales avaient tenté en France, à partir des années 1990, d'encourager la mise en place de « télécentres[8] », l'émergence des tiers-lieux doit plutôt aujourd'hui son succès à des dynamiques associatives spontanées (Langlois, 2016). Depuis quelques années, plusieurs régions françaises ont affiché leur soutien : Nouvelle-Aquitaine (appel à projets), Occitanie (portail web), Île-de-France (objectif de 1000 tiers-lieux franciliens à l'horizon 2021), Hauts-de-France (aide financière aux intercommunalités), etc. Ce soutien repose sur l'octroi de subventions et d'aide en faveur des infrastructures locales (aménagement et équipements) à destination des collectivités, mais également des entreprises. Toutefois, la dynamique d'un tiers-lieu repose tout d'abord sur un ancrage local et sur la fidélité d'une communauté d'usagers, et ce, bien avant le soutien financier et les équipements.

1.3. Les espaces de cotravail

Alors que le tiers-lieu est le terme générique utilisé pour parler de différents espaces physiques de travail, le cotravail (*coworking*) désigne de façon spécifique des espaces de travail partagés, souvent avec la présence de salles de réunion, d'équipement informatique, d'espaces de convivialité et un programme d'animations régulières. Il a notamment pour objectif de rompre l'isolement des personnes travaillant à domicile, de créer des échanges et des collaborations entre les membres, et de limiter les déplacements domicile/travail. Les utilisateurs de ces espaces sont souvent des travailleurs autonomes qui utilisent fortement les nouvelles technologies : des indépendants (souvent environ la moitié du public), des créateurs d'entreprise ou encore des salariés en télétravail. L'idée à l'origine de la création de ces espaces est de permettre aux travailleurs autonomes de ne pas rester isolés (Boboc et alii., 2014) et de trouver, dans ces lieux et ces réseaux, des espaces de socialisation comparables à ceux qu'on retrouve dans les entreprises. Le cotravail est donc un type d'organisation du travail qui regroupe deux réalités : un espace de travail partagé mais aussi un réseau de travailleurs encourageant l'échange et l'ouverture. Les espaces de cotravail permettent donc de disposer d'une « ubiquité informationnelle dans laquelle les "créatifs" sont à la recherche de tiers-lieux favorisant les liens de sociabilité et de collaboration » (Moriset, 2017, p. 1), voire sont des « accélérateurs de sérendipité[9] » (Moriset, 2011, p. 6).

---

[8] Le concept de télécentre est antérieur à l'émergence du phénomène de cotravail. Les télécentres sont des espaces de travail partagés entre plusieurs entreprises et/ou télétravailleurs pour favoriser le télétravail en partageant des équipements d'informatique et de télécommunications dans des localités isolées.

[9] Signifie « le don de faire par hasard des découvertes fructueuses ».

Les espaces de cotravail sont nés à San Francisco en 2005. Aujourd'hui, on en dénombre près de 1800 répartis sur les cinq continents, soit près de 760 en Europe et 120 en France. À titre d'exemple, NUMA a été créée à Paris en 2007 dans le but d'offrir un espace de travail collaboratif en réseau aux entrepreneurs et de constituer un accélérateur pour jeunes entreprises. Puis, NUMA a essaimé dans plusieurs grandes villes françaises et à l'international : Russie, Inde, Maroc, etc.

Au départ, les espaces de cotravail étaient loués ou rénovés par des collectifs associatifs de création. Or, depuis quelques années, cette mission a évolué, car les collectivités publiques ainsi que les grandes entreprises se sont emparées du phénomène afin de créer des écosystèmes locaux favorables à la création et à l'innovation (Moriset, 2017).

Certaines régions françaises soutiennent ces démarches. Ainsi, la région Auvergne-Rhône-Alpes a signé en 2016 une charte de partenariat avec les espaces de cotravail présents sur son territoire. Cette charte vise à les promouvoir au même titre que les structures publiques d'accompagnement à l'entrepreneuriat et à les homologuer autour de valeurs communes (accessibilité, ressources, collaboration, ouverture, connectivité et participation des membres).

Les espaces de cotravail se développent aussi en dehors des grandes métropoles (Besson, 2015). Ainsi, en 2013, le territoire du Royans-Vercors (situé entre Grenoble et Valence) a constaté qu'un nombre important de ses habitants travaillaient à domicile dans le secteur des services aux entreprises ou bien se déplaçaient quotidiennement pour se rendre sur leur lieu de travail. À la suite d'une recommandation d'une étude de consultants, un premier espace s'est ouvert en 2015 dans un local privé. Il accueille 12 postes de travail et dispose d'une petite salle de réunion. Une association a été créée pour fédérer les *coworkers* du territoire et pour être l'interlocutrice de la collectivité, qui continue de les accompagner (logistique, financement, accompagnement technique, etc.).

1.4. Les fab labs

Alors que les espaces de cotravail constituent des espaces de travail partagés, les *fab labs* sont des lieux de production où des consommateurs usagers peuvent réaliser eux-mêmes des objets techniques répondant à leurs besoins. Le concept de *fab lab* est né d'une initiative du Massachusetts Institute of Technology et correspond à un lieu ouvert au public où sont mises à sa disposition toutes sortes d'outils (notamment des machines-outils pilotées par ordinateur) pour la conception et la réalisation d'objets, avec l'attrait d'usages récréatifs. Un *fab lab* permet souvent la mise en œuvre d'activités connexes, dont le cotravail.

Les *fab labs* reposent sur des mécanismes d'échange, de coopération, d'interdisciplinarité, d'apprentissage par la pratique, de faire « soi-même » ainsi que sur des pratiques innovantes ascendantes et communautaires. Ils relèvent de l'économie collaborative dans le domaine de la production-réparation (Borel et collab., 2015). Ils sont ouverts à tous, de manière à faciliter les rencontres et le développement de méthodes innovantes par le croisement des compétences. Ils s'adressent aux entrepreneurs qui veulent passer plus rapidement de la phase de concept au prototype, ainsi qu'à tous ceux (designers, artistes, étudiants, bricoleurs, etc.) qui cherchent à réaliser des projets par eux-mêmes ou en collaboration avec d'autres, mais qui ne peuvent le faire chez eux ni dans leur lieu de travail. C'est un modèle d'innovation centré sur l'utilisateur.

En 2016, il existait 673 *fab labs* dans le monde, dont 82 en France, où les premières initiatives sont lancées à partir de 2009 dans de grandes villes. Par exemple, on trouve Artilect FabLab Toulouse en 2009, puis Ping, Nybi.cc et Net-iki en 2011, FacLab de l'Université de Cergy-Pontoise, *fab labs* de Rennes, de Lannion et de Montpellier en 2012, La Casemate à Grenoble et Tektos dans le Calaisis. De multiples espaces publics numériques (EPN)[10], ou cyberbases, ouverts en France depuis la fin des années 1990, sont en train de se convertir en *fab labs*.

En juin 2013, le gouvernement français a lancé un appel à projets intitulé Aide au développement des ateliers de fabrication numérique, avec pour volonté d'inciter certains des 4000 EPN existants à se convertir en *fab labs*. Le fonds devait financer une dizaine de projets à hauteur de 50 000 à 200 000 € par projet. Sur les 154 projets déposés, 14 ont été retenus. Certains *fab labs* en France devaient par ailleurs trouver du soutien dans le cadre des 215 M€ dédiés à la French Tech, label attribué vers 2015 par les autorités françaises à des pôles métropolitains reconnus pour leur écosystème de jeunes entreprises.

1.5. Les living labs

Un *living lab*, nommé aussi laboratoire vivant, est une méthode permettant d'offrir à un projet des propositions de solutions émanant des usagers eux-mêmes et dans

---

[10] Destiné à l'accompagnement de tous les publics aux usages numériques, un espace public numérique (EPN) propose des activités d'initiation ou de perfectionnement variées et encadrées, par le biais d'ateliers collectifs et de plages réservées à la libre consultation.

l'objectif de tester en « grandeur nature » des services, des outils ou des usages nouveaux (Klein et Pecqueur, 2020). Il s'agit donc également d'un tiers-lieu, pas nécessairement dans le sens matériel du terme, car une réflexion en mode *living lab* n'a pas besoin d'un lieu défini pour s'accomplir. Il s'agit avant tout d'un mode de pensée permettant de stimuler toutes les formes d'intelligence présentes sur le territoire, qu'il s'agisse de connaissances d'experts ou de savoirs profanes ; les échanges communautaires contribuent à la créativité en mettant sur un même plan les apports de tous types de contributeurs. Aussi, la démarche *living lab* peut faciliter la participation citoyenne à la réflexion, dans la mesure où elle permet d'encadrer les initiatives locales en mobilisant les ressources du territoire et où elle agit sur la prise de conscience d'appartenir à ce territoire, ce qui stimule davantage la concertation (Scaillerez et Tremblay, 2017).

Ce dispositif a été inventé à la fin des années 1990 au Media Lab du Massachusetts Institute of Technology, puis développé en Europe avec la création, en 2006, d'un réseau de *living labs*, le *European Network of Living Labs* (ENoLL) qui accorde la certification « Living Lab ». En 2017, on dénombrait plus de 370 *living labs* dans près de 40 pays (Scaillerez et Tremblay, 2017).

1.6. Caractéristiques générales et distinctions

Selon Suire et Vicente (2015), on peut distinguer trois types de lieux de mutualisation selon leur fonction dominante : la fabrication, l'échange et l'exploitation des connaissances :
- dans le premier cas, on fait référence au laboratoire de fabrication numérique (*fab lab*), où il s'agit de prototyper collectivement de nouveaux objets ou produits.
- dans le deuxième cas, nous sommes en présence d'espaces de *coworking*, où des travailleurs nomades se colocalisent afin de mutualiser un lieu, une infrastructure et/ou échanger sur des problématiques communes.
- enfin, il s'agit d'accélérateurs, espaces dédiés à l'hébergement de porteurs de projet qui expérimentent et prototypent à minima [leurs produits] afin de [les] mettre rapidement sur le marché.

Le tiers-lieu est aussi un espace où se construisent principalement des proximités temporaires (Torre, 2008), mais au sein duquel peuvent également se construire des proximités plus pérennes, notamment à travers la colocalisation d'acteurs et l'utilisation quotidienne de matériel.

Généralement, la réussite de ces expériences repose fortement sur l'encastrement social lié au profil des fondateurs et des membres, ce qui permet l'accès à des ressources et à des informations, et détermine ses performances. Toutefois, l'attrait des espaces de cotravail apparaît davantage lié aux ressources matérielles (élément indispensable pour enclencher les échanges) qu'à la recherche de collaboration avec les autres membres (Scaillerez et Tremblay, 2019). Selon Krauss et Tremblay (2019), on constate que ces communautés favorisent davantage l'entre-soi[11] et s'accompagnent peu de collaborations ponctuelles entre les membres. S'ils peuvent être un lieu de socialisation, ils peuvent donc aussi manifester une forme d'enfermement. Ainsi, contrairement à une idée répandue de permettre à des travailleurs indépendants de ne pas rester isolés et d'y trouver un espace de socialisation, la recherche de coopérations entre voisins n'est pas toujours présente dans ces espaces. Toutefois, elle peut se faire dans le cadre de réseaux relativement fermés à une échelle suprarégionale : la proximité organisée l'emporte alors sur la proximité spatiale.

SECTION 2. ETUDES DE CAS

Comme nous l'avons indiqué, les initiatives et les nouvelles formes d'organisation des activités d'innovation sont diverses : mutualisation de services aux entreprises dans des lieux physiques, tiers-lieux, espaces de cotravail, *fab labs*, *living labs*, etc. La logique de création de ces lieux est constituée par la motivation des personnes qui les animent, mais elle est de plus en plus portée par des *clusters* ou des collectivités territoriales à la recherche d'un renouvellement de leur politique de développement et d'attractions économiques. Conséquence de cette particularité, ces lieux reposent conjointement sur la mobilisation d'acteurs privés et sur l'implication d'acteurs publics, avec la volonté de créer des projets collaboratifs au-delà de la construction d'infrastructures (bâtiments, etc.). Ils doivent aussi être dimensionnés sur le plan financier au potentiel du territoire.

Nos études se basent principalement sur des projets constitués par des *clusters* caractérisés par une offre de services matérialisée dans un lieu physique, contrairement à la plupart des *clusters*, où l'offre de services est plutôt immatérielle (réseaux, etc.). Elles concernent également des initiatives portées par des collectivités territoriales, organisées à une échelle intercommunale et visant la coopération interentreprises, ou encore des initiatives émanant d'acteurs privés et soutenus par du financement public.

---

[11] Fait de ne fréquenter que ses semblables, des personnes du même milieu que soi.

Ainsi, nous avons mené une enquête[12] auprès de *clusters* et de territoires organisés en intercommunalités et structures associatives [communautés d'agglomération, Pays, pôles territoriaux de coopération économique (PTCE), sociétés coopératives d'intérêt collectif (SCIC), etc.] ayant une politique de soutien à des coopérations d'entreprises afin de mettre en lumière leurs principales caractéristiques (type de projet, conditions de mise en œuvre, nombre d'adhérents ou d'entreprises, personnel employé, budget et modèle économique, spécificité locale) ainsi que les facteurs clés de succès et les difficultés éprouvées.

Cette enquête a été menée en plusieurs temps : repérage d'expériences, consultations des sites Internet, questionnaire soumis à chaque structure, interview téléphonique et validation finale de la réponse. À partir de cette enquête, nous avons rédigé neuf monographies[13] qui relatent les expériences de mutualisation de services ou d'infrastructures au profit d'entreprises ou de travailleurs.

De ce fait, nous avons observé diverses expériences de mutualisation de services aux entreprises dans des lieux physiques : accès à des infrastructures, soutien à des entreprises, développement numérique, pépinières d'entreprises, locaux de première transformation, cotravail, *fab labs*, etc.

2.1. Types de lieux d'innovation

Nous avons retenu un panel de projets constitué :
– de *clusters*, caractérisés par une offre de services matérialisée dans un lieu physique : Mecateamcluster, Archeomed, Samoa, Silver Innov' et SPN;
– d'initiatives portées par des collectivités territoriales, organisées à une échelle intercommunale et visant la coopération interentreprises : L'INKUB et Tremplin Entreprises;
– d'initiatives émanant d'acteurs privés et soutenues par du financement public : 8 FabLab (SCIC) et Organic'Vallée.

La figure 2 identifie la localisation géographique des cas à l'étude en France :

---

[12] Cette enquête a été réalisée dans le cadre d'un projet porté par l'association nationale France Clusters (Xavier Roy et Elise Durey), avec le soutien financier du Réseau rural français (Fonds européen agricole de développement rural et État français) et de l'Institut Caisse des dépôts et consignations pour la recherche.

[13] Ces monographies sont consultables sur le site de France Clusters : https://www.reseaurural.fr/sites/default/files/documents/fichiers/2017-12/2017_rrf_memento_1_clu sters_territoires_et_lien_rural_urbain.pdf.pdf

Figure 2 - Localisation des cas étudiés

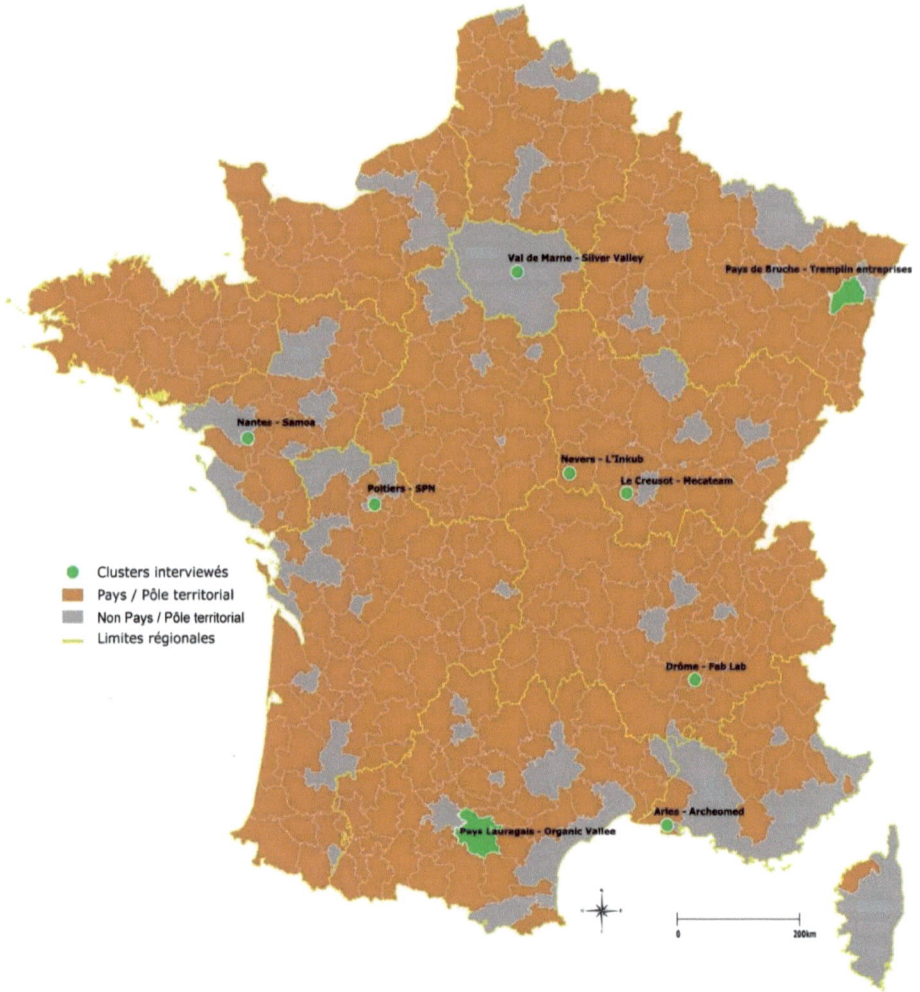

Note : Sur la carte, la mention Non Pays/Pôle territorial concerne les parties de la France non organisées en « territoires de projet » du type Pays et Pôle territorial.

Réalisation : Association nationale des pôles d'équilibre territoriaux et ruraux et des Pays (ANPP).

Notre enquête montre que ces lieux d'innovation reposent le plus souvent sur une infrastructure immobilière (p. ex., des hôtels et pépinières d'entreprises mettant à disposition une offre de formations, de conseils, d'accompagnement des créateurs et d'accélérateur de jeunes entreprises), souvent couplée à la présence d'espaces de cotravail. Les cinq tableaux qui suivent détaillent les cas à l'étude selon leurs fonctions.

Tableau 4 - Fonctions des cas étudés

Fonction	Cas
Accès à des infrastructures	Archeomed et Mecateamcluster
Soutien à des entreprises culturelles	Archeomed et Samoa
Développement numérique	L'INKUB et SPN
Pépinières d'entreprises	Tremplin Entreprises et Silver Innov'
Fab labs	8 FabLab
Locaux de première transformation et d'agroécologie	Organic'Vallée

Tableau 5 - Cas qui se distinguent par la mise à disposition d'infrastructures aux usagers

Cas	Objet	Type de services
Archeomed (Arles)	Mutualisation dédiée aux métiers de la culture et du patrimoine	Mutualisation de matériel de haute technologie Réponses groupées à des appels d'offres Hôtel d'entreprises
8 FalLab (Crest)	*Fab lab*	Mise à disposition de différentes machines Espace de cotravail Salles de réunion
Mecateamcluster (Creusot)	Conception, fabrication et maintenance d'engins pour travaux d'infrastructures ferroviaires	Mise à disposition d'infrastructures de maintenance Formation

Tableau 6 - Cas conçus autour de l'hébergement d'entreprises

Cas	Objet	Type de services	Note
L'INKUB (Nevers)	Pôle numérique (espace « business », ruche intergénérationnelle)	Hôtel d'entreprises Pépinière d'entreprises Espace de cotravail	Menée directement par la collectivité
Tremplin Entreprises (Pays de Bruche)	Pépinière d'entreprises Structure d'appui et d'accueil de créateurs d'entreprises	Hébergement Accompagnement des créateurs Formations	Menée directement par la collectivité
Samoa (Nantes)	Industries créatives et culturelles	Hébergement d'entreprises Accompagnement Accélérateur	Impulsée par une société publique locale de Nantes métropole
Silver Innov' (Val-de-Marne)	Immobilier	Pépinière et hôtel d'entreprises Accueil de jeunes entreprises	Impulsée par les collectivités

Tableau 7 - Cas constitué autour de la sensibilisation des entreprises au numérique par un cluster

Cas	Objet	Type de services
SPN (Poitiers)	Accompagnement numérique des entreprises	Cotravail Actions de sensibilisation Accélérateur

Tableau 8 - Cas conduit par une SCIC portant un PTCE

Cas	Objet	Type de services	Note
Organic'Vallée (Lauragais)	Favoriser l'économie circulaire de la matière organique	55 hectares pour circuits courts Biomasse Agroécologie Pépinière d'entreprises	Basé sur l'utilisation de terrains pour la mise en valeur de l'agroécologie et de l'économie circulaire

2.2. Nombre d'adhérents ou d'entreprises concernées et effectif du personnel

Le nombre d'adhérents, pour les *clusters*, peut aller de 90 à près de 280 entreprises. Quant au nombre d'entreprises accueillies, il peut aller de 15 jeunes entreprises à 180 entreprises locataires. Le personnel mobilisé reste modeste (en moyenne 4-5 salariés) ; il peut exceptionnellement atteindre 10 personnes, notamment dans le cas d'hébergement d'entreprises.

Tableau 9 - Nombre d'adhérents et de salariés

Cas	N^bre d'adhérents et d'entreprises concernées	Personnel
Archeomed (Arles)	100 adhérents 20 entreprises installées	4 salariés
8 FabLab (Crest)	70 sociétaires (SCIC) 500 usagers (mi-2014/fin 2016)	3 salariés
L'INKUB (Nevers)	En projet (entreprises concernées)	Personnel de la communauté d'agglomération
Mecateamcluster (Creusot)	90 entreprises	5 salariés
Organic'Vallée (Lauragais)	18 sociétaires (SCIC)	1 salariée
Tremplin Entreprises (Pays de Bruche)	25 entreprises hébergées	11 personnes du Pays (dont 1 directeur de pépinière)
Samoa (Nantes)	180 entreprises locataires	10 personnes (Délégation de service public de la Métropole de Nantes)
Silver Innov' (Val-de-Marne)	277 adhérents 15 jeunes entreprises accueillies	10 salariés
SPN (Poitiers)	130 adhérents 60 structures mobilisées par l'espace numérique	6 salariés

2.3. Budget et modèle économique : à la recherche d'un équilibre budgétaire

Comme l'indique le tableau 10, le montant des investissements peut atteindre 27 M€ (Mecateamcluster), mais s'avère souvent très modeste (50 à 60 000 € pour Organic'Vallée). Le montant du fonctionnement, représenté essentiellement par les salaires, s'établit en moyenne entre 270 000 et 400 000 €. Les subventions proviennent en général de la collectivité locale (ville, communauté d'agglomération ou urbaine), de la région et de l'Europe, et parfois de l'État (Programme d'investissement d'avenir, appels à projets *fab lab* ou PTCE).

Si ces lieux d'innovation nécessitent du soutien du secteur public (par exemple, subventions nationales ou européennes, dont le Fonds européen de développement régional (FEDER) ou le programme européen Liaison entre actions de développement de l'économie rurale (LEADER) dans trois cas, ou encore les régions et les communautés d'agglomération) pour leur fonctionnement et le financement des investissements, ils sont engagés dans la recherche d'un équilibre budgétaire basé sur une augmentation du financement privé (souvent avec un objectif de 70 % de financement privé en 4-5 ans), recourant à une participation des entreprises usagères du service apporté (notamment location du lieu et des infrastructures mises à disposition).

Ces lieux d'innovation tendent donc à l'autofinancement, notamment à partir de location de bureaux, de salles ou de matériel. Toutefois, ils nécessitent du soutien durable des collectivités publiques pour atteindre un équilibre budgétaire, en particulier pour assurer des tâches d'animation.

Tableau 10 - Budget des cas étudiés

Cas	Investissement	Fonctionne ment an	Subventions	Équilibre de recettes
Archeomed (Arles)	250 k€ (remise aux normes) 5 M€ (version 2 du projet)	400 k€	Communauté d'agglomératio n, Région, Europe, privés, Programme LEADER	40 % de financement privé; objectif de 70 % de financement privé

8 FabLab (Crest)		Loyer de 25 k€	État (appel à projets du ministère du Redressement productif) : 65 % des dépenses sur 2 ans	Passer de 80 % de financement public à 20 % en 5 ans
L'INKUB (Nevers)	3,7 M€	80 k€	FEDER, Région, Programme LEADER	Pour le cotravail à terme
Mecateamc luster (Creusot)	1re tranche de travaux : 7 M€ (communauté urbaine) 2e tranche : 20 M€ (30 % Programme d'investisseme nt d'avenir)	270 k€	Communauté urbaine, Programme d'investisseme nt d'avenir	Équilibre à 10 ans
Organic'Va llée (Lauragais)	50 à 60 k€		Subvention PTCE (Ministère) : 262 k€/3 ans, mécénat privé	Entre 3 et 7 ans, financement participatif prévu
Tremplin Entreprises (Pays de Bruche)	5 M€ Ville de Mutzig (propriétaire du bâtiment)	700 K€ (budget Pays + autres actions)	Région (1 M€), FEDER (400 K€), ADEME (fonctionnemen t), Programme LEADER	Réflexion engagée
Samoa (Nantes)		1,5 M€ (ensemble animation)	Métropole de Nantes, Région (8 %), Europe (15 k€/an)	Coûts de réalisation des hôtels d'entreprises couverts par les locations

				d'entreprises (amortissement sur 6-8 ans)
Silver Innov' (Val-de-Marne)	14 M€	Fonctionne ment pris en charge par l'établisse ment public territorial (EPT) : 850 k€/an	Région Île-de-France (2 M€) et Conseil départemental du Val-de-Marne (4 M€)	Équilibre public/privé
SPN (Poitiers)	Projet d'accélérateur soutenu par le FEDER : 380 k€ sur 2 ans		CA Poitiers, Région, Europe, entreprises *sponsors*	2016 : 70 %, 2017 : 59 %, 2018 : 43 %, 2019 : 32 % de financement public

Note. M€ = million d'euros; k€ = kiloeuro, unité monétaire valant 1000 euros.

Le rôle de l'action publique locale en France apparaît important, en particulier dans les petites villes (3000 à 20 000 habitants) et dans les villes moyennes (généralement de 20 000 à 200 000 habitants). Le soutien public se traduit par la mise à disposition de locaux dans la phase d'amorçage et par de l'aide financière au fonctionnement (voir également les huit cas bretons étudiés par Marinos, 2019). Ce partenariat est souvent considéré comme une nécessité de la part des porteurs de projet, malgré certaines difficultés de dialogue, car « plus on s'éloigne des métropoles [...], plus les tiers-lieux économiquement rentables, portés par des acteurs privés, se font rares, plus l'engagement des acteurs publics en leur faveur devient donc nécessaire » (Levy-Waitz, 2018, p. 99). Ce soutien est justifié au regard de leur contribution au développement local (attirance d'une population jeune et diplômée, entrée dans l'économie de la connaissance, renouvellement des bases productives).

Ces espaces sont donc perçus comme des leviers économiques et des outils de régénération des territoires. En réduisant les distances avec les lieux de travail, ils sont également susceptibles d'offrir une opportunité pour des territoires orientés vers l'économie résidentielle de se diversifier en attirant de nouveaux travailleurs. Toutefois, cibler cette population est difficile, car elle « passe sous les radars de la statistique nationale » (Marinos, 2019, p. 73).

Ces espaces sont aussi considérés comme de nouveaux services publics, dans la continuité du soutien des pépinières d'entreprises ou à l'immobilier de bureau, qui prennent en compte les transformations contemporaines des modes de travail. Ils favorisent aussi une mesure de lutte à la désertion des centres-villes (Marinos, 2019).

Enfin, le contexte des villes petites et moyennes peut être favorable à l'intégration de ces espaces à la gouvernance locale. A. Dossou-Yovo (2019) met en avant également le rôle de ces espaces dans la mobilisation et l'accumulation de ressources entrepreneuriales : réseautage, acquisition de nouveaux partenaires ou de compétences.

Les collectivités pourraient contribuer à une crise de croissance du secteur en créant des espaces de travail collaboratifs qui ne répondent pas à une demande locale probante. Et si la collectivité applique au tiers-lieu ses propres règles administratives, celles-ci induisent des lourdeurs peu compatibles avec le fonctionnement agile nécessaire à un tiers-lieu (Langlois, 2016). Aussi, C. Liefooghe (2019) se demande si ces tiers-lieux auront davantage de succès que la politique des télécentres en milieu rural des années 1990, qui devait permettre de travailler à distance des métropoles et qui a eu un faible impact. En effet, dans un contexte où ces espaces peuvent représenter un espoir de redynamisation de certains territoires, l'institutionnalisation du soutien public, comme c'est la tendance en France, risque de réduire le dynamisme innovateur de ces lieux.

2.4. Des lieux d'innovation non exclusifs aux métropoles

Les lieux d'innovation étudiés se situent en territoire rural (n=3), dans une ville moyenne (n=3) ou en métropole (n=3) (voir tableau 8). Les trois cas situés en métropole fournissent des exemples dans différents domaines pouvant inspirer des zones rurales et des villes moyennes : soutien aux entreprises culturelles (Samoa), au numérique (SPN) et au vieillissement (Silver Innov'). Lorsqu'ils sont portés par des collectivités, ce sont des intercommunalités : communauté de communes, pôle d'équilibre territorial et rural (PETR) ou Pays, communauté d'agglomération ou communauté urbaine, métropole, etc.

Tableau 11 - Localisation des cas étudiés

Cas	Localisation (n^{bre} d'habitants)	Caractéristiques
8 FabLab (Crest)	Crest (8 181), Communautés de communes Val de Drôme (30 000) et Pays de Saillans (14 748)	Rurale
Organic'Vallée (Lauragais)	Lauragais (100 000), Est de Toulouse	Rurale
Tremplin Entreprises (Pays de Bruche)	Pays à l'ouest de Strasbourg (103 838), Mutzig (5 864)	Petites villes et rurale
Mecateamcluster (Creusot)	Creusot Montceau (Communauté urbaine : 94 210), Sud Bourgogne	Ville moyenne
Archeomed (Arles)	Arles (Communauté d'agglomération : 83 561)	Ville moyenne
L'INKUB (Nevers)	PETR (117 117), Bourgogne	Ville moyenne
Samoa (Nantes)	Métropole (609 198), capitale de Région	Métropole
Silver Innov' (Val-de-Marne)	Département du Val-de-Marne (1 396 913)	Banlieue parisienne
SPN (Poitiers)	Poitiers (Communauté d'agglomération : 138 759), ex-capitale régionale	Ancienne capitale régionale

Ces lieux ne sont donc pas réservés qu'aux métropoles[14]. En effet, ils se généralisent dans les villes moyennes et petites qui animent l'espace rural, et constituent souvent un pont entre des villes secondaires et des métropoles. De façon générale, ils favorisent la coopération avec les métropoles, comme dans les cas d'Organic'Vallée (relations avec Toulouse) et du 8 FabLab (en lien avec d'autres *fab labs* implantés dans des métropoles).

Dans le cas d'Archeomed (Arles), l'implantation dans plusieurs départements facilite la coopération avec les métropoles voisines, avec toutefois la volonté d'exister de façon autonome, et la structure mobilise au-delà de la région sur des services communs (appui à des réponses d'appels d'offres). La constitution de tels écosystèmes

---

[14] Sur le rapport des métropoles aux autres territoires : voir Doré G., 2017, *Hors des métropoles, point de salut ? Les capacités de développement des territoires non métropolitains*, L'harmattan.

contribue aussi à rapprocher espaces ruraux et villes intermédiaires des métropoles. L'effet « groupe » facilite ainsi l'entrée en relation avec des partenaires et des clients. Ces lieux d'innovation favorisent notamment l'accès à des marchés nationaux par des entreprises situées en ville moyenne (Mecateamcluster) mais aussi l'accueil de créateurs, par exemple pour le Pays de Bruche en provenance de la Métropole de Strasbourg, qui a vu également le transfert du siège d'un *cluster*. Ils constituent un élément d'attractivité par rapport à des urbains qui souhaitent s'installer sur le territoire (8 FabLab).

On note également un transfert d'ingénierie d'une communauté d'agglomération vers les communautés de communes rurales du PETR (Nevers) ou encore un travail d'accompagnement du 8 FabLab pour la création d'un nouveau *fab lab* en Ardèche.

La diffusion des espaces de cotravail au-delà des grands centres urbains, permise par les transformations technologiques, favorise l'émigration en dehors des métropoles en correspondant à de nouvelles aspirations sociétales : recherche d'un mode de vie plus doux, tendances à l'individuation, désir de travailler autrement, etc. Le constat général est que plus le développement des régions est consolidé, moins d'espaces de cotravail y sont présents (Krauss, 2019 ; Ananian, 2019).

2.5. Enseignements généraux selon les promoteurs des projets

Par leur mise à disposition de services et d'infrastructures, ces lieux constituent un vecteur de sédimentation et/ou d'accélération des processus productifs et innovants, vecteur qui rend compte de la tension entre les conditions locales et la globalisation des économies. En effet, leur matérialité leur permet de remplir des besoins fonctionnels pour les participants, de structurer localement des interactions et de nourrir concrètement des orientations, voire un projet de territoire. Les promoteurs des projets interrogés ont indiqué des facteurs de succès et des difficultés, que nous présentons ici.

2.5.1. Facteurs clés de succès

La constitution d'un écosystème est primordiale. Dans la plupart des cas, on observe :
– la grande motivation des entreprises,
– la mobilisation des acteurs privés, avec la volonté d'impliquer les acteurs publics,

– la construction d'une dynamique de confiance avec toutes les parties prenantes de la filière;

– une volonté commune des entreprises et des élus,

– l'intérêt d'être intégré dans une démarche stratégique de développement économique du territoire et d'en être le bras opérationnel,

– l'inscription au cœur d'un territoire (implantation au centre-bourg, et non dans une zone d'activité), dans un territoire d'initiatives (p. ex., la Biovallée[15] pour le 8 FabLab),

– une approche de projet avant d'avoir une approche « bâtiment », voire la constitution d'un écosystème qui intègre les différents aspects de la vie (recrutement, financement, projet de vie, etc.).

De bonnes conditions techniques sont également indispensables. Elles reposent essentiellement sur :

– la fourniture d'une offre qualitative (ex. : accueil),

– le caractère attractif sur le plan financier (ex. : loyers),

– la mise en place d'une équipe technique compétente,

– la capacité d'identifier les bons sujets et d'être en veille sur les sources de financement mobilisables,

– l'atteinte des objectifs et des indicateurs de performance,

– l'équilibre des recettes publiques et privées,

– la pratique de recherche de labellisation,

– le fait d'être ouvert sur tous les publics, ce qui peut déboucher sur des projets de création d'entreprises,

– une bonne communication;

– l'importance d'être réactif,

– la mise en réseau et la proximité d'une grande ville.

2.5.2. Difficultés

Les principales difficultés proviennent :

– de l'accès au financement et de la complexité des procédures (p. ex., le programme européen LEADER),

– de la dépendance aux politiques publiques,

– du manque de visibilité des perspectives financières,

– d'un déficit de compréhension et d'implication des collectivités territoriales et de leurs agents,

---

[15] La Biovallée, qui s'étend sur 45 communes dans le département de la Drôme, est un territoire de référence en matière de développement durable en France.

– d'un temps de décision des élus trop long par rapport à la mise en œuvre des projets,

– de dispositifs d'aide publique insuffisamment en phase avec le délai de lancement (*time-to-market*),

– de l'accès au financement privé,

– du maintien d'un minimum de financement public pour assurer notamment la fonction de sensibilisation.

Les acteurs soulignent que l'innovation (plutôt organisationnelle, mais parfois de procédés) requiert une culture naissante, encore diffusée insuffisamment dans la sphère politique. Ainsi, il existe une nécessité :

– de convaincre par rapport à une innovation pas toujours palpable immédiatement;

– de transversalité des approches et des acteurs;

– d'un travail de qualification du lieu, de ciblage des entreprises et de stratégie de spécialisation économique;

– de constitution d'une équipe d'animation adéquate, notamment pour pouvoir suivre la croissance.

CONCLUSION

Les études de cas font état de l'importance apportée par ces tiers-lieux : il s'agit de nouvelles formes d'innovation qui se sont affirmées à partir des années 1990 et qui font appel à des déterminants hybrides entre les formes traditionnelles de travail et de loisir. Ils mêlent professionnels, citoyens et utilisateurs dans un jeu innovant et souvent difficile à relier de manière claire aux catégories anciennes. L'idée de collaboration qui les anime repose sur la constitution d'une dynamique forte portée par des acteurs privés bénéficiaires, sur la création de synergies, sur la mise en place de projets collaboratifs et sur la nécessité de penser la solution avec les acteurs. Selon C. Marinos et G. Baudelle (2019), ces espaces apparaissent comme des lieux d'intermédiarité multiple : les fondateurs sont dans une situation professionnelle intermédiaire (ni débutant ni cadre expérimenté), ils sont des intermédiaires entre acteurs et avec les administrations, et la localisation de ces espaces permet de jouer un rôle intermédiaire avec les niveaux supérieurs de l'armature urbaine.

En matière technique et financière, il est important de disposer de soutien aux compétences techniques, ce qui permet de développer une forte capacité de veille et de conviction des élus, et de ne pas séparer les publics (entreprises/particuliers). Cela constitue une possibilité de créer des projets économiques, de bénéficier de coûts abordables (avant de se spécialiser dans l'achat de matériel lourd) et d'échanger avec d'autres expériences.

Les cas étudiés nous permettent d'appréhender des expériences concrètes à partir de différentes situations et de dégager trois principaux enseignements :

D'abord, les cas qui fonctionnent le mieux reposent sur la mise en commun de différentes expériences et sur la mutualisation de différents moyens. Les projets les plus convaincants sont basés sur la mise à disposition et la somme de différents outils – ou, du moins, d'une partie d'entre eux –, et s'ouvrent au maximum aux collaborations et aux expériences, sans trop d'exclusivités. Cela est sans doute à relier au fait qu'on ne sait pas toujours bien quelles innovations se jouent ou sont installées, voire lesquelles vont résulter du processus ainsi mis en place.

Ensuite, ces lieux ne peuvent s'abolir de la contrainte de financement, d'autant plus qu'ils fonctionnent bien quand ils présentent différentes facettes et s'adressent à divers publics. Il est donc important qu'ils trouvent des sources de financement adaptées pour louer, acheter ou faire construire des espaces dédiés ; pour les équiper ; pour acheter des machines et des moyens informatiques ; pour offrir les équipements annexes nécessaires à l'accueil et au confort des participants ; ainsi que pour rémunérer le personnel, qu'il s'agisse de compétences techniques et d'accompagnement dédié ou de l'ingénierie administrative.

Enfin, les cas qui connaissent le plus de succès sont soutenus par une logique de territoire, c'est-à-dire qu'ils sont portés par des structures fortement implantées et déjà solides à l'échelle locale, quelle que soit leur forme ou leur origine (publique, privée, nationale, déconcentrée, locale, etc.).

Ainsi, il apparaît que les projets qui fonctionnent le mieux sont partie prenante de la stratégie de développement d'un territoire, qu'il s'agisse d'une structure institutionnelle forte (p. ex., une ville moyenne) ou d'un territoire d'initiative. Il ne s'agit pas seulement de mobiliser différentes formes de partage ou de construction d'innovation, mais aussi d'y ajouter des éléments tels que le financement du projet; la diversité des partenaires impliqués; l'obtention d'un lieu dédié, adapté et équipé; la définition de règles de travail ou de partage; l'existence d'une structure de gouvernance adaptée; et la diversité des participants ou parties prenantes (des particuliers aux intervenants publics, en passant par des entreprises ou associations).

Les *clusters* et autres systèmes localisés de production peuvent offrir des possibilités à la mise en place de ces opérations, dans la mesure où ils fournissent une garantie de pérennité et possèdent souvent l'ensemble ou une partie des éléments présentés ci-dessus, au sein d'une structure de gouvernance et organisationnelle déjà bien rodée. Pour ces raisons, ainsi que pour leur connaissance des modes et des pratiques d'innovation, ils peuvent jouer un rôle important dans le lancement, le financement et l'organisation de certains de ces lieux.

CHAPITRE 3 : ECONOMIE DE PROXIMITE ET ECONOMIE CIRCULAIRE

INTRODUCTION

Aujourd'hui, de nombreuses collectivités, des regroupements d'entreprises ou des clusters prennent des initiatives en matière d'économie circulaire, et en particulier, d'écologie industrielle et territoriale. Ces démarches renforcent l'économie de proximité, définie comme « le regroupement sur un territoire d'acteurs économiques qui coordonnent leurs activités » (Martin, 2010), la « relocalisation de l'économie » et la mise en place de circuits courts. Il apparaît notamment que la proximité physique est le plus souvent nécessaire au transfert de flux : énergie, eau, déchets… (Beaurain, Brullot, 2011), et que ces initiatives s'appuient sur le développement de synergies à la fois de substitution (« les déchets des uns deviennent les ressources des autres » et de mutualisation (partage des biens, de ressources ou de services).

Après avoir rappelé la définition des principaux concepts (économie de proximité, économie circulaire, écologie industrielle…), nous présentons quelques cas emblématiques d'écologie industrielle dans le monde (dont l'exemple le plus connu : de Kalundborg au Danemark) et les principaux flux échangés, puis nous analysons des expériences en France.

SECTION 1. L'ECONOMIE DE PROXIMITE

« Les nouveaux modèles de développement répondent à un impératif de préservation des ressources rares : humaines, environnementales et financières ; elles appellent des approches relevant de l' « économie circulaire », des « circuits courts », de « l'économie de proximité » (le terme d'écologie industrielle et territoriale peut aussi être utilisé) » (Landier, Serizier, 2013). L'économie de proximité recouvre aujourd'hui plusieurs concepts et approches qu'il convient de démêler, notamment les circuits courts entendus au sens large, l'économie circulaire, les écosystèmes industriels, les barters…

1.1. Une définition

L'économie de proximité est souvent définie comme « le regroupement sur un territoire d'acteurs économiques qui coordonnent leurs activités » (Martin, 2010). C'est d'abord « un mode d'organisation de l'économie autour de la relation directe » : circuits courts et ventes en direct, services à la personne, commerce de face-à-face... C'est une « affaire de géographie » et de proximité spatiale entre producteurs, consommateurs et institutions, sachant qu'« en soi, l'espace n'est pas générateur de coordination» et que la proximité peut aussi être « fondée sur les échanges et l'existence de réseaux »... C'est un terme générique permettant d'inclure différentes approches

1.2. Proximités : « dynamiques de proximité »

L'approche de la proximité, parfois dénommée « dynamiques de proximité » désigne également un courant porté par des économistes et visant à caractériser les différentes dimensions de la proximité : géographique ou spatiale qui caractérise l'appartenance à une même aire géographique, et proximité non spatiale : organisationnelle/institutionnelle ou organisée qui désigne l'activation des relations au-delà de l'espace physique de proximité passant notamment par des réseaux (Torre, Beuret, 2012). La proximité géographique n'entraîne pas automatiquement des relations positives et des enrichissements réciproques, mais nécessite d'être activée.

1.3. Les circuits courts : une définition large

De manière large, les circuits courts ont été définis comme « les circuits directs d'échange ou de distribution de ressources contribuant à un développement territorial intégré « (Institut CDC, 2013) et recouvrent des objets variés au-delà des « circuits courts alimentaires » : recyclage, énergie, éco-industries, transports, innovation, circuits financiers... avec la primauté d'une optimisation et d'une mobilisation de ressources locales. « Les démarches en « circuits courts » invitent à prendre en compte la complexité, au lieu de l'esquiver en se cantonnant à des approches sectorielles » (Laudier, Serizier, 2015). Elles reposent donc sur la valorisation de cette complexité et la diversité des ressources mobilisées, des facteurs de développement, des initiatives et des moyens mis en œuvre. Est privilégiée une approche transversale reposant sur un ancrage territorial. On y englobe divers concepts, tels que l'écologie industrielle, l'économie circulaire... (Institut CDC, 2013). Les clusters sont particulièrement bien placés pour conduire ces démarches, dans la mesure où ils croisent le pilotage d'actions économiques d'entreprises et une inscription territoriale.

1.4. La relocalisation de l'économie sur le territoire

Plus largement, la valorisation du potentiel de développement de circuits économiques locaux repose sur l'identification des flux exogènes dans les territoires, de manière à permettre la relocalisation de l'économie sur le territoire. Ceci suppose :
- une bonne connaissance des chaînes de valeurs qui traversent le territoire (échanges internes et avec les voisins, ressources, inputs/outputs) et de faire le lien demande/besoin,
- la connaissance des entreprises à l'échelle locale, notamment celles qui achètent, ce qu'elles achètent et où elles achètent (bassin d'approvisionnement des entreprises), afin de créer des filières locales d'approvisionnement,
- l'appui sur des outils numériques qui peuvent à la fois rapprocher et éloigner la valeur ajoutée des territoires,
- l'encouragement à des « boucles locales d'innovation » reposant sur la mise en commun des réseaux relationnels permettant de nouer des liens avec les marchés externes (Gilli, 2015).

SECTION 2. ECONOMIE CIRCULAIRE ET ECOLOGIE INDUSTRIELLE

2.1. L'économie circulaire : une boucle

2.1.1. *Définition*

L'économie circulaire, basée sur « le découplage entre la satisfaction des besoins et la consommation de ressources non renouvelables » (Dermine-Brullot *et alii*, 2017) a émergé en réponse aux limites de nos modes actuels de production et de consommation (Niang *et alii*, 2020).

L'économie circulaire, « basée sur une logique qu'on pourrait qualifier de « fermée » (Institut CDC, 2013), est une notion moins large que celle de circuit court. Alors que le modèle économique dominant est caractérisé par une approche linéaire (extraction > transformation > exploitation > consommation > production de déchets), les approches favorisant une économie circulaire considèrent les déchets comme une ressource à utiliser tout au long du processus de production et comme une « matière première réutilisée pour la conception des produits ou pour d'autres utilisations », selon la F.-M. Lambert, président de l'Institut de l'économie circulaire). Pour reprendre l'expression de Lavoisier, (1789), « Rien ne se perd, rien ne se crée, tout se transforme ». De façon plus générale, selon une définition de l'ADEME[16], désormais largement répandue, l'économie circulaire est un « système économique d'échange et de production qui, à tous les stades du cycle de vie des produits (biens et services), vise à augmenter l'efficacité de l'utilisation des ressources et à diminuer l'impact sur l'environnement tout en développant le bien-être des individus ».

Figure 3 – Le passage de l'économie linéaire à l'économie circulaire

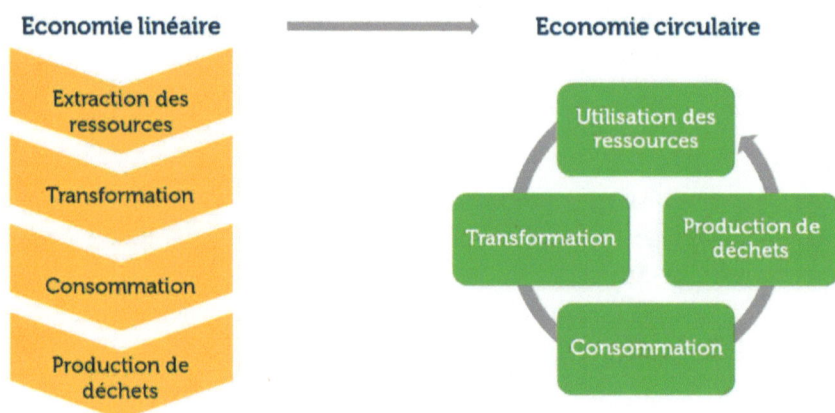

Source : Institut Montaigne

2.1.2. *Les composantes de l'économie circulaire*

L'économie circulaire peut être décomposée selon l'ADEME en sept piliers regroupés en trois axes :

- trois piliers portant sur la production et l'offre de biens et services : l'éco-conception, l'écologie industrielle, l'économie de la fonctionnalité,

- trois piliers portant sur l'allongement de la durée d'usage : le réemploi, la réparation, la réutilisation),

- et un pilier axé sur la gestion et valorisation des déchets : le recyclage.

---

[16] ADEME : Agence De l'Environnement et de la Maîtrise de l'Energie

Tableau 12 – Les composantes de l'économie circulaire

Composantes	Définition
	Production et offre de biens et services
Eco-conception	Conception d'un produit pour qu'il dure, soit réparable, réutilisable et recyclable
Ecologie industrielle	Mode d'organisation entre entreprises pour que les déchets des uns soient les ressources des autres
Economie de la fonctionnalité	Substitution de l'achat de produit par l'achat du service et de la fonction (usage par plusieurs utilisateurs successifs)
	Allongement de la durée d'usage
Réparation	Prolongement de la vie d'un produit en remplaçant les pièces défectueuses
Réemploi	Prolongement de la vie d'un produit en le donnant (ex. : Emmaüs) ou en le revendant (d'occasion : Le bon coin, Ebay…)
Réutilisation	Réutilisation d'un produit pour un autre usage que celui prévu au départ, pour un usage détourné
	Gestion et valorisation des déchets
Recyclage	Récupération des matières premières d'un produit qui n'a plus d'usage, pour fabriquer des produits nouveaux (ex. : papier recyclé, verre…)

Source : d'après ADEME, 2014

Des synergies se dégagent entre l'économie de proximité et l'économie circulaire, « l'économie circulaire devenant un outil de travail et de réflexion » pour le développement local. On observe en particulier que l'économie circulaire permet de penser de manière renouvelée la gestion des flux sur les territoires, d'améliorer l'efficacité des ressources afin de générer de nouvelles pistes de création de valeur et « d'établir de nombreuses coopérations entre une grande diversité d'acteurs » (Delplanke et alii, 2018).

Nous nous centrons dans nos études de cas prioritairement sur des expériences d'écologie industrielle et pouvant utiliser secondairement un volet « éco-conception », « réutilisation » ou « recyclage ».

2.1.3. *Une approche désormais soutenue par la loi dans plusieurs pays*

Le terme de déchet (qui vient de déchoir) n'est introduit en France qu'au XVe siècle. « A cette époque, tout était réutilisé ou laissé à une dégradation naturelle ». La réparation, le recyclage, le réemploi, la réutilisation, pratiques courantes jusqu'au milieu du XXe siècle, faisait vivre toute une économie parallèle, organisée autour des chiffonniers, qui récupérait chiffons, os, produits pour les réutiliser. Il existait une circulation spontanée de la matière entre la ville, l'industrie et l'agriculture. Plusieurs évolutions expliquent la disparition progressive de cette première économie circulaire : développement de l'hygiénisme à la fin du XIXe siècle qui met au ban les déchets comme la cause d'épidémies, progrès technique qui permet de mettre au point de nouveaux matériaux aux performances supérieures, accélération du rythme de renouvellement des produits. « L'enjeu actuel n'est évidemment pas de revenir au modèle antérieur d'économie circulaire, mais d'en inventer un nouveau où les exigences de traçabilité, d'hygiène, de moindre impact environnemental et de qualité sont respectées » (Aggeri, 2018).

Dès 1996, en Allemagne, une loi sur l'économie circulaire poursuit l'objectif principal de la réutilisation et du recyclage des déchets. En Chine, la promotion de l'économie circulaire est également en vigueur dans le plan quinquennal chinois lancé en 2006, et en 2009, une loi chinoise sur la promotion de l'économie circulaire est adoptée.

En France, le concept émerge dans les débats institutionnels, au moment du Grenelle de l'Environnement, menés à partir de 2007, et c'est une orientation encouragée désormais par la loi du 17 août 2015 relative à la transition énergétique pour la croissance verte qui indique notamment que la transition vers une économie circulaire vise à dépasser le modèle économique linéaire consistant à extraire, fabriquer, consommer et jeter, en appelant :
- à une consommation sobre et responsable des ressources naturelles et des matières premières primaires,
- à la prévention de la production de déchets, notamment par le réemploi des produits,
- et à une réutilisation, à un recyclage ou, à défaut, à une valorisation des déchets,
- à la promotion de l'écologie industrielle et territoriale et de la conception écologique des produits,
- à la coopération entre acteurs économiques à l'échelle territoriale pertinente (extraits de l'article L. 110-1-1).

2.2. L'écologie industrielle, une des formes d'économie circulaire

2.2.1. Définition

Dans le cadre du modèle général de l'économie circulaire (EC), qui vise à augmenter l'efficacité des ressources et à diminuer l'impact sur l'environnement, l'écologie industrielle (ou symbiose industrielle ou encore écosystème industriel : Torre et Zimmerman, 2015)) est l'une des sept stratégies opérationnelles découplant la production et la consommation de ressources. L'objectif est de dissocier les échanges de matières ou d'énergies de la croissance économique, par une utilisation d'une quantité moindre de matières et une minimisation de l'énergie et du recours aux énergies fossiles carbonées (Gobert et Dermine-Brullot, 2017).

L'écologie industrielle, qui organise des flux de matière et d'énergie, est une notion moins large que celle de circuit court, mais lui est directement liée dans son principe de mise en relation d'acteurs économiques géographiquement proches pour réaliser des échanges de matières ou d'énergies (Institut CDC, 2013). Elle repose sur un principe inspiré des écosystèmes naturels : à l'image du fonctionnement des chaînes alimentaires dans le milieu naturel, les déchets et co-produits d'une activité peuvent devenir une ressource pour une autre activité. Ces démarches permettent de réduire des externalités négatives et de valoriser des externalités positives (Dermine-Brullot *et alii*, 2017).

L'écologie industrielle est dénommée de plus en plus « écologie industrielle et territoriale » (EIT), dans la mesure où elle « présuppose des formes de coopération entre entreprises et collectivités territoriales à une échelle relativement locale » (Buclet, 2015) et active en général des circuits courts (Laudier et Serizier, 2015).

2.2.2. Le rôle de la proximité territoriale

L'approche territoriale requise repose à la fois sur une « proximité géographique favorisant techniquement les échanges de matières et d'énergie entre entreprises » (Cerceau *et alii*, 2014) et sur une proximité institutionnelle et organisationnelle reposant sur les interactions entre acteurs et leur adhésion à un espace commun (Beaurain et Brullot, 2011). Il s'agit de travailler sur un périmètre géographique relativement circonscrit avec l'ensemble des acteurs économiques, et le territoire est un espace fonctionnel permettant de :
- mieux appréhender des enjeux locaux (déchets, assainissement, dépollution),
- susciter de nouvelles formes de coopération entre acteurs,

- favoriser la proximité, économique (problème du transport et réduction de son coût) et communicationnelle (en favorisant les rencontres et les échanges).

La proximité territoriale s'explique notamment par les difficultés et les coûts de circulation des flux de matière et d'énergie sur de longues distances, et elle favorise des apprentissages collectifs, même si parfois la complexité des opérations peut inciter à aller au-delà d'une échelle purement locale. Elle est ainsi nécessaire pour former des circuits courts d'échange en bouclant les flux (matières, énergie) à l'échelle du territoire, et en limitant la consommation de ressources. Ceci suppose de bien identifier (cartographier) comment circulent les flux de matière, eau et énergie au sein d'un territoire (exemples : nombre de kWh, nombre de tonnes de matériaux), et de les optimiser pour réduire leur empreinte environnementale.

Si la proximité géographique n'est « pas une condition indispensable et peut être remplacée par des réseaux éco-industriels à une échelle plus large, il apparaît toutefois qu'elle sous-tend la plupart des expériences d'écologie industrielle dans le monde. Ceci s'explique notamment par la difficulté de faire circuler les flux de matière et d'énergie sur de longues distances, et sur les coûts occasionnés par de tels déplacements », et « on peut souligner ainsi la dimension nécessairement « territoriale » de l'écologie industrielle ». Cela facilite également « la recherche des partenaires productifs pertinents », et elle est « un puissant vecteur de partage des connaissances et d'apprentissages collectifs ». En revanche, la complexité des opérations […] encourage le dépassement de l'échelle purement locale pour des relations se développant à des échelles plus larges, en dépit des coûts occasionnés par l'allongement des distances. Aussi beaucoup d'analyses récentes mettent en avant la « nécessité de concilier les avantages tirés d'une proximité spatiale entre les acteurs concernés et ceux provenant de réseaux qui se développent à une échelle plus large ». Plus largement, les symbioses industrielles « constituent des tentatives explicites de dépasser les limites d'une simple agglomération des entreprises pour s'inscrire dans un processus de construction d'une spécification territoriale ». (Beaurain, Brullot, 2011).

La proximité territoriale permet de dépasser une simple agglomération des entreprises « pour construire une spécification territoriale ». (Beaurain et Brullot, 2011).

2.2.3. Une approche du management environnemental

L'écologie industrielle doit affronter un quadruple défi : minimiser les rejets, valoriser les déchets, dématérialiser les produits en optimisant l'utilisation de la matière et contribuer à la « décarbonisation » de l'énergie via un système industriel moins gourmand en énergie fossile. C'est un mode d'organisation inter-entreprises reposant sur une approche d'interdépendance entre activités afin de valoriser les résidus ou sous-produits d'une activité (ex. : chaleur, déchets) dans le processus de production d'une autre.

C'est une approche du management environnemental qui vise à limiter les impacts sur l'environnement par la recherche de synergies organisationnelles entre les acteurs économiques. Deux formes de synergies sont développées :

1) Des synergies de substitution (« les déchets des uns deviennent les ressources des autres »). Ce sont des échanges de flux, pour valoriser les externalités émises par certaines entreprises par d'autres entités voisines : valorisation de la chaleur fatale d'un industriel pour chauffer des serres agricoles, valorisation des co-produits d'une industrie agro-alimentaire (amendement organique, méthanisation, biocarburants), regénération de solvants usagés, valorisation de sables de lavage de betteraves en TP, etc....

2) Des synergies de mutualisation reposant sur le partage des biens, de ressources ou de services (ex. : installation mutualisée de traitement et de réutilisation des eaux usées, mutualisation d'une réserve incendie, partage de véhicule, de matériels, de logistique, d'expertise, groupements d'achats, gardiennage, restauration collective, crèches, plan de déplacement inter-entreprises…), ce qui engendre des économies d'échelle et la diminution de certains impacts environnementaux de l'activité économique.

Ainsi, on ne se concentre donc plus sur un produit ou un procédé, mais on se focalise sur la chaîne collaborative pour assurer une gestion optimale des ressources et en encourageant une dynamique de collaboration entre entreprises par la mise en place d'actions concrètes. C'est une démarche de plus en plus mobilisée pour implanter la logique de l'économie circulaire sur les territoires. Les synergies inter-entreprises permettent à l'ensemble des entreprises d'un territoire de se rassembler autour de l'objectif collectif de se doter d'avantages compétitifs en optimisant l'usage des ressources.

2.2.4. Avantages pour les entreprises et pour les collectivités

L'écologie industrielle représente un enjeu de compétitivité pour les entreprises. L'identification d'approvisionnements alternatifs dans les déchets de ses voisins permet de limiter ses coûts pour certaines entreprises, et pour d'autres, de trouver des exutoires de valorisation à ses déchets (revenus additionnels).

Les avantages et bénéfices pour les entreprises sont :
- la réduction des coûts de transport, de traitement des déchets, des coûts de revient (allègement de la consommation en énergie et en ressources : utilisation des matières issues du recyclage),
- l'apport de nouvelles sources de revenus (vente de sous-produits),
- la réalisation d'économies d'échelle sur les achats (achats groupés) et les infrastructures,
- l'amélioration de l'image de l'entreprise.

En termes d'innovation, ces démarches favorisent la création de nouveaux matériaux à partir des ressources déjà utilisées et l'utilisation de nouvelles sources d'énergie plus propres. Enfin, cela renforce la compétitivité des entreprises : en jouant sur l'innovation et le prix, elles gagnent des parts de marché et se positionnent sur des produits à plus forte valeur que les pays émergents.

Quant aux avantages et bénéfices pour les collectivités territoriales, ils sont de plusieurs ordres :
- la réduction des impacts environnementaux et de la consommation de ressources naturelles,
- la valorisation des ressources locales et la ré-industrialisation de certains territoires par l'émergence de nouvelles filières,
- la création d'activités, de filières et de services, fournisseurs d'emplois locaux - non-délocalisables -, notamment au travers de l'émergence de nouvelles activités d'interface nécessitées par les échanges de flux pour valoriser des sous-produits, pour développer des produits ou services ou pour gérer une ressource commune...,
- le développement de l'attractivité du territoire, par une offre de services nouveaux et le développement de complémentarités,
- le renforcement de l'ancrage territorial des entreprises et le renforcement de la capacité à résister aux chocs externes et internes (résilience de la symbiose industrielle).

2.2.5. Des difficultés à surmonter

Toutefois, ces projets se heurtent à de nombreuses difficultés à surmonter (cf. Laperche, 2016, (Gallaud et Laperche, 2016) :
- Réglementaires, notamment relatifs aux déchets,
- Techniques, en ce qui concerne les déchets complexes, non réguliers ou insuffisants en quantités, et l'adaptation de l'usine receveuse aux caractéristiques des déchets reçus …),
- Infrastructurelles, avec l'insuffisance d'infrastructures support,
- Économiques, en matière de coûts d'investissement,
- Informationnelles, en ce qui concerne la coordination, la diffusion, la confidentialité,
- Organisationnelles, particulièrement du fait d'un manque d'expérience,
- Humaines, en raison d'un manque de compétences disponibles.

En conséquence, le rôle clé de l'animation territoriale est primordial pour effectuer la sensibilisation, la cartographie des flux potentiels, la coordination des acteurs et l'acquisition de compétences.

2.2.6. Des expériences en matière d'écologie industrielle limitées en nombre

La mise en valeur de l'écologie industrielle repose sur quelques exemples emblématiques au niveau international et français, notamment au Danemark (Kalunborg) et en France (Ecopal à Dunkerque, bioraffinerie de Bazancourt-Pomacle près de Reims, Green Valley à Epinal…). Nous présentons ci-dessous les principales caractéristiques de ces expériences.

2.2.6.2. L'expérience danoise de Kalundborg : 50 ans de développement progressif

Figure 4 - L'expérience danoise de Kalundborg

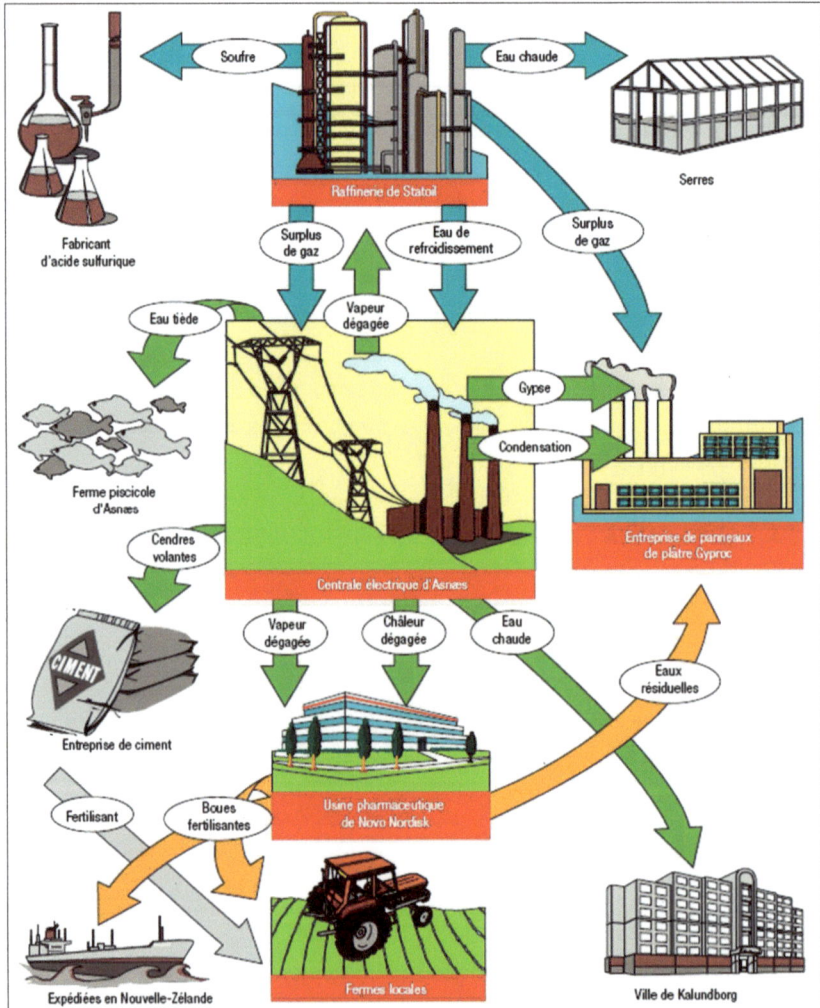

Source : https://www.alternatives-economiques.fr/ecologie-industrielle-lexemple-de-kalundborg-0104201142510.html

La raffinerie Statoil (la plus importante du Danemark) s'est installée à Kalundborg (20000 habitants) au début des années 1960. Après un accord passé avec la municipalité pour son approvisionnent en eau, l'entreprise s'est tournée vers d'autres fournisseurs à mesure qu'elle se développait, concluant des partenariats avec d'autres sites de production. La raffinerie utilise la chaleur perdue par une centrale thermique et elle vend le souffre extrait du pétrole à une usine chimique et du sulfate de calcium à un producteur de plaques murales. La centrale thermique chauffe avec sa vapeur excédentaire, l'eau d'une société aquacole, des serres et des habitations. C'est une gestion raisonnée des matières premières et des déchets entre industries voisines, fondée sur un écosystème industriel, et un réseau d'entreprises privées et publiques liées par plus d'une vingtaine de contrats d'achat et de vente de sous-produits issus des productions industrielles[17].

2.2.6.3. La bioraffinerie de Bazancourt-Pomade

La bioraffinerie de Bazancourt-Pomade (figure 5) en région Grand Est (à côté de Reims) est un site porté par deux grandes coopératives agricoles et leurs filiales. Elle comprend une sucrerie, une usine d'éthanol, un producteur de cosmétiques, une amidonnerie, un fabriquant de tensioactif, et des chercheurs académiques, avec un objectif commun : développer l'utilisation des ressources végétales, à la place des énergies fossiles. Tous utilisent une matière première agricole, notamment la betterave et le blé, et échangent de l'eau, de la vapeur, des résidus de blé, du sable issu du lavage des betteraves. Il s'agit ainsi notamment de produire du bioéthanol et de développer de la chimie verte.

2.2.6.4. ECOPAL (Grande-Synthe, Dunkerque)

ECOPAL (figure 6) est une association d'entreprises créée en 2001 à l'initiative de la collectivité locale de Grande-Synthe (Hauts de France). Des échanges de flux sont réalisés entre les entreprises Arcelor et Dalkia à destination du réseau de chaleur de Dunkerque. Des échanges de vapeur et d'électricité sont également pratiqués entre la centrale électrique DK6 (GDF Suez) et le sidérurgiste Arcelor Mittal valorisant les gaz issus de ses hauts fourneaux auprès de la centrale DK6 qui à son tour les transforme en électricité, ensuite restituée à Arcelor (ce qui couvre 90 % de ses besoins pour le site de Dunkerque). Des échanges de naphta (pétrole) interviennent aussi entre les entreprises Poliméri et Total, et la récupération des eaux chaudes de la centrale nucléaire de Gravelines est assurée par la ferme aquacole « Aquanord ».

---

[17] Sur le cas de Kalundborg, voir : https://www.youtube.com/watch?v=HKBJ5VdtITY ou http://www.isige.mines-paristech.fr/expertises-et-projets/economie-circulaire/ecologie-industrielle/mooc-sur-lecologie-industrielle

Figure 5 – La bioraffinerie de Bazancourt

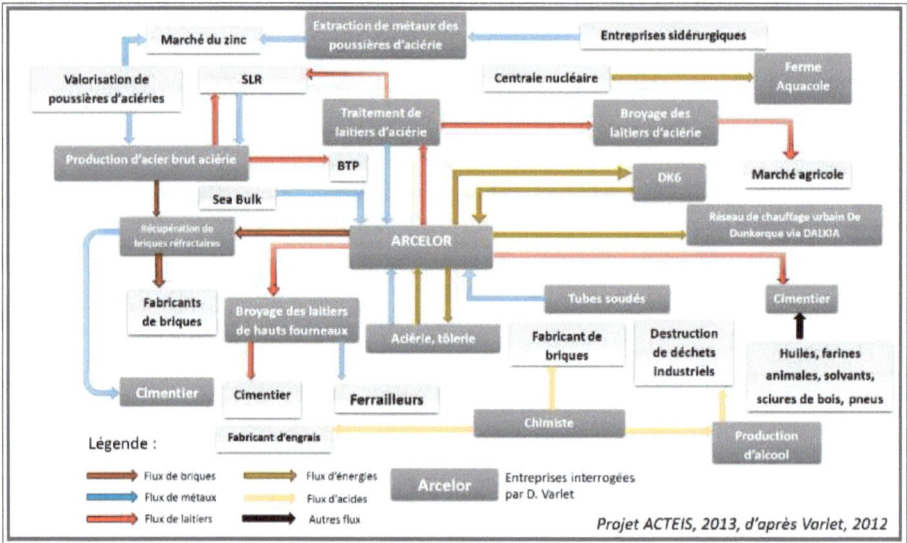

Figure 6 – ECOPAL

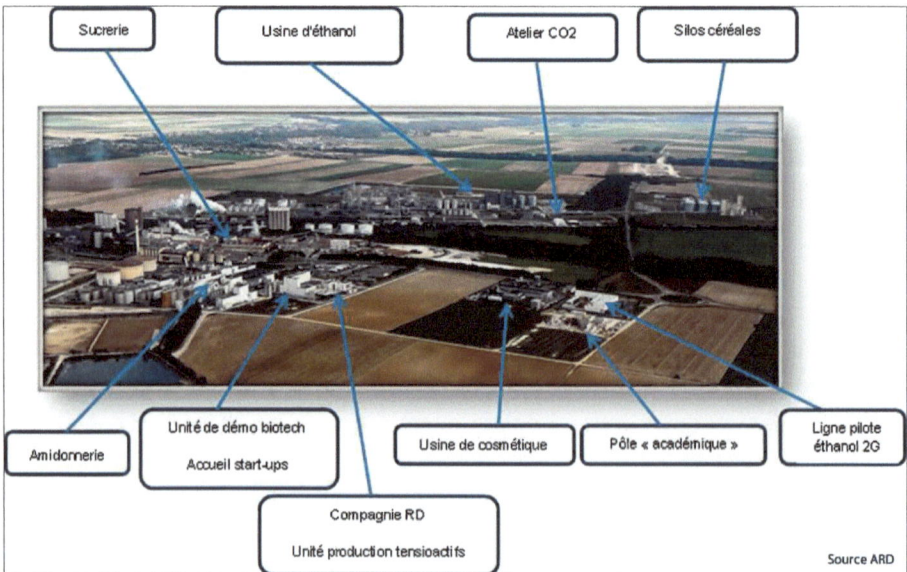

2.2.7. Les principales ressources échangées dans les sites les plus emblématiques

Les principales ressources échangées dans les principales expériences connues au niveau mondial concernent la vapeur, l'eau chaude, l'électricité et les déchets.

Tableau 13 – Les ressources échangées

Site	Entreprises impliquées	Vapeur [18]	Eau chaude	Électricité	Déchets
Ecopal, association d'entreprises, initiative de la collectivité locale de Grande-Synthe (59), 2001	Centrale électrique DK6 (GDF), sidérurgiste Arcelor Mittal, centrale nucléaire Gravelines, Poliméri, Total	X	X	X	
Centre énergétique de Bruce, Tiverton Ontario, Canada	Centrale nucléaire et six autres entreprises	X	?	X	X
Unité de cogénération, Saint-Félicien, Canada.	Industries forestières	X	X	X	X
Fusina, Groupe ENEL, Italie, 2009	Centrale électrique, pétrochimie			X	
Port de Moerdijk, Pays Bas	Incinérateur de déchets, centrale énergétique, entreprise de nettoyage de camions, unité de fermentation de biogaz	X		X	

---

[18] La chaleur fatale est la production de chaleur dérivée d'un site : elle n'en constitue pas l'objet premier et, de ce fait, n'est pas nécessairement récupérée. C'est une énergie perdue si on ne l'utilise pas au moment où elle est disponible (ex. : électricité issue des éoliennes, panneaux solaires, centrales hydrauliques ou nucléaires, sites de production industrielle, bâtiments tertiaires d'autant plus émetteurs de chaleur que fortement consommateurs (hôpitaux), sites d'élimination (ex : unités de traitement thermique de déchets).

2.2.8. L'extension des démarches d'écologie industrielle

La généralisation de ces démarches est aujourd'hui portée au travers d'éco-parcs industriels, qui mutualisent la gestion de leurs déchets et des mesures d'efficacité énergétique ou partagent le recyclage de l'eau, et dont certains poussent la démarche jusqu'aux symbioses.

Les éco-parcs sont gérés selon 3 principes majeurs :
- La mise en pratique des principes de l'écologie industrielle,
- L'aménagement et l'urbanisme durable, par l'utilisation de nouvelles méthodes de construction, de nouveaux matériaux ou de nouveaux modes de déplacement,
- La gestion environnementale, en limitant les impacts du site industriel sur l'environnement (qualité de l'eau et de l'air, traitement de déchets, procédés industriels peu polluants, éviter la contamination des sols).

20 000 parcs au monde seraient engagés dans ces démarches selon l'ONUDI (Organisation des Nations unies pour le développement industriel). Ainsi, en Chine, une trentaine de grands parcs chinois, dirigés par l'Etat, ont été créés comme zones pilotes introduisant des régulations et des normes et pour attirer des investissements étrangers.

Le parc industriel de Tianjin (Chine)

Par exemple, le TEDA (Tianjin Economic and technical Development Area) est un parc immense, à 130 km de Pékin regroupe 14 000 entreprises, dont 1 500 industries et 5 000 sociétés étrangères, et 600 000 employés. La première action a été d'attirer des prestataires locaux au plus près de grands groupes ; automobiles (Toyota), informatiques, agro-alimentaires, pétrochimiques. Deux grandes catégories de « symbioses » sont pratiquées : le recyclage des déchets, en installant des unités de traitement au plus près des industries productrices de déchets, et la mutualisation d'infrastructures pour l'approvisionnement en eau et en énergie.

En Europe, ont été recensées 200 expériences de parcs industriels et environ 70 en France (OREE, 2016).

Figure 7 – Les projets d'écologie industrielle et territoriale en France (2016)

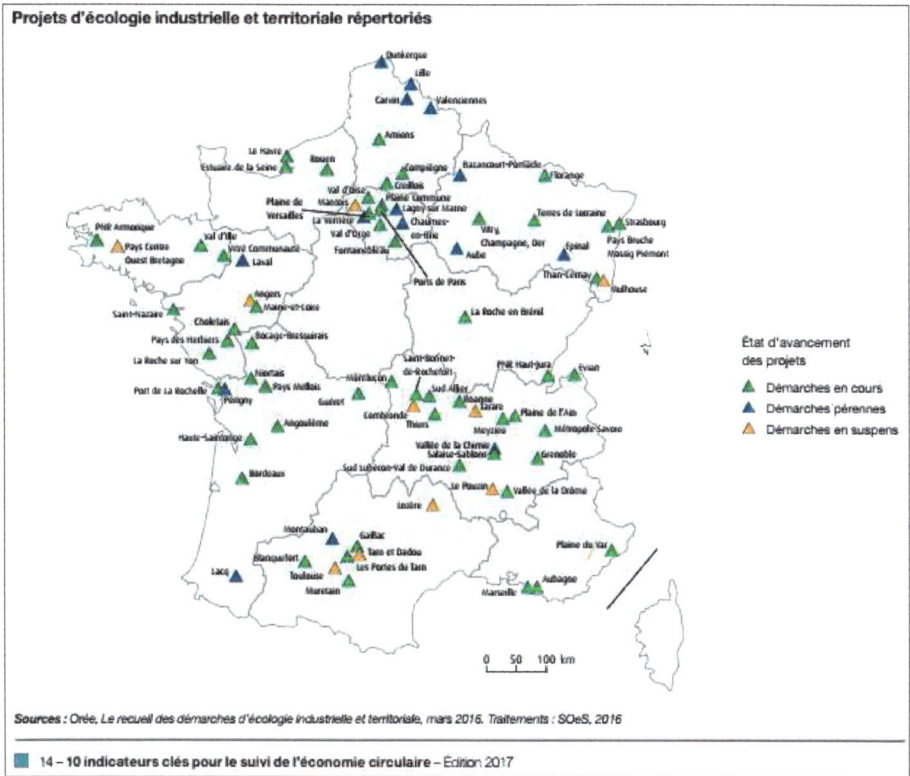

Il reste par conséquent un potentiel important en France qui compte 30 000 à 40 000 zones d'activités économiques, gérées généralement par des établissements publics de coopération intercommunale à fiscalité propre.

C'est ce qui a conduit à mener une expérience de rencontres régionales inter-entreprises : le Programme National de Synergies Inter-entreprises (« PNSI »)[19]. Le PNSI est un programme expérimental d'écologie industrielle et territoriale amorcé en juin 2015 pour une durée de deux ans (juin 2015 - juin 2017) avec le concours de l'Institut de l'Economie Circulaire. Il a réuni des entreprises dans quatre régions (Auvergne-Rhône Alpes, Bretagne, Normandie et Nouvelle-Aquitaine), et il a été soutenu par l'ADEME, le Ministère de la Transition écologique et solidaire, l'association Les Acteurs de l'Ecologie Industrielle, ainsi que par les quatre régions

---

[19]   Voir : http://pnsi.fr/, notamment Synthese du Programme National de Synergies Interentreprises.pdf, et 10 Initiatives synergies inter-entreprises.pdf.

77

participantes. Le PNSI a appliqué une méthodologie britannique d'écologie industrielle et territoriale NISP *(National Industrial Symbiosis Program)* de mise en relation directe des entreprises basée sur l'organisation d'ateliers de travail, qui a eu comme résultats en Grande-Bretagne la création ou la sauvegarde de 10 000 emplois, la préservation de la décharge de 47 millions de tonnes de déchets et une économie d'un milliard de livres réalisée par les entreprises entre 2005 et 2013. La méthodologie britannique repose sur la capacité d'investigation des praticiens qui élaborent un inventaire minutieux des flux entrants et sortants des entreprises du territoire. Ces flux sont ensuite croisés à l'aide d'un outil informatique qui permet de détecter les symbioses potentielles.

17 ateliers d'une demi-journée, quatre ou cinq par région, ont été organisés jusqu'à mi-2017 et ont réuni à chaque fois 40 à 50 participants, permettant d'atteindre au total plus de 550 entreprises. Chaque entreprise devait proposer quatre ou cinq ressources. Les ressources concernées sont matérielles et immatérielles : énergie, déchets, eau, expertise, logistique, services, infrastructures... Les praticiens ont ensuite accompagné les entreprises participantes pour concrétiser les opportunités identifiées : ainsi 138 synergies ont été mises en oeuvre en juillet 2017, parallèlement à la détection de nombreuses opportunités (450 synergies à l'état d'idée ou de discussion).

Figure 8 – Les rencontres régionales du PNSI

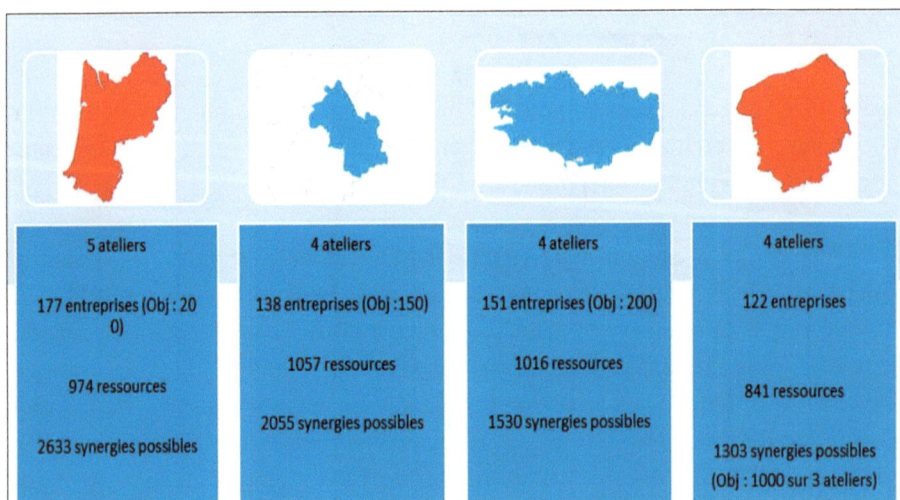

5 ateliers	4 ateliers	4 ateliers	4 ateliers
177 entreprises (Obj : 200)	138 entreprises (Obj :150)	151 entreprises (Obj : 200)	122 entreprises
974 ressources	1057 ressources	1016 ressources	841 ressources
2633 synergies possibles	2055 synergies possibles	1530 synergies possibles	1303 synergies possibles (Obj : 1000 sur 3 ateliers)

Source : Institut de l'Economie Circulaire

L'ADEME soutient par ailleurs le déploiement national d'un outil de cartographie des flux, développé en 2014 par la CCI du Tarn-et-Garonne[20]. Les données sont stockées dans une base, et un système de requêtes doit permettre ensuite d'identifier facilement les synergies envisageables.

Les bénéfices socio-économiques ont été estimés à près de 7 millions d'euros de ventes additionnelles, plus de 500 000 euros économisés, 39 innovations techniques et sociales réalisées, près de 120 000 euros d'investissements publics et privés générés.

Les bénéfices environnementaux sont plus de 25 000 tonnes de déchets réutilisés/recyclés, 410 MWh d'énergie produite via la valorisation de déchets, 2 163 tonnes de CO2 évités et 2 466 tonnes de déchets détournés de la décharge, 7 840 tonnes de matières premières substituées.

L'avantage de cette méthode est son caractère rapide, mais la difficulté est de maintenir la dynamique post-atelier, dans un contexte où ces objectifs environnementaux ne relèvent pas souvent des préoccupations quotidiennes des entreprises : ceci suppose de s'appuyer sur des structures relais pour assurer l'animation continue du dispositif et la pérennisation du dispositif.

SECTION 3. ETUDES DE CAS

Nous avons examiné des expériences en France[21], pour voir comment celles-ci mettent en œuvre effectivement des démarches d'économie circulaire.

Le choix des cas a été justifié par une volonté de mettre en avant des expériences conduites à l'échelle locale ou régionale mais avec des portages différents :
- par des clusters, soit à l'échelle locale (zone industrielle de Green Valley à Epinal, Pôle de compétitivité Chimie-Environnement Auvergne-Rhône-Alpes AXELERA), soit au niveau d'un réseau (Barter clusters, qui favorise des échanges entre entreprises sous forme de troc) ; les clusters disposent en effet de caractéristiques similaires avec les démarches d'écologie industrielle dans la mesure où ils croisent le pilotage de coopérations d'entreprises et une inscription territoriale (Brullot et Maillefert, 2010) ;

---

[20] Voir : https://www.millenaire3.com/dossiers/developper-l-economie-de-proximite/des-nouvelles-ressources-grace-a-l-economie-circulaire-locale
[21] Ces monographies sont consultables sur le site de France Clusters : 20181112_Memento-eco-prox-1.pdf (franceclusters.fr)

- par des associations d'entrepreneurs (association d'industrielle de la région de Lyon, BIOTOP à La Rochelle) ;
- par une organisation territoriale : SLIDE en Alsace, portée par un territoire animé par un « pays » (Pays de Bruche) ;
- et par des expériences de pôles territoriaux de coopération économique (PTCE) : pôle de Florange e2i (Lorraine), celui-ci montrant l'investissement du sujet par l'économie sociale et solidaire et ÔKHRA, un PTCE consacré à la mise en valeur du patrimoine

Nous avons constaté que les expériences analysées sont portées principalement par des acteurs privés et sont animées par un acteur tiers (généralement une association), mais disposent de moyens financiers et humains assez faibles. Elles activent des synergies de substitution (produits dérivés) ou de mutualisation de temps, d'énergie et d'infrastructures, mais très peu se caractérisent toutefois par des actions d'écologie industrielle et territoriale.

3.1. Types d'expériences et actions menées

Après avoir présenté succinctement chaque expérience, nous examinons le type de composante de l'économie circulaire actionnée, la gouvernance de ces dispositifs, les moyens financiers et humains de la structure de portage et enfin quelques enseignements généraux.

3.1.1. *Initiatives de clusters*

3.1.1.1. Le pôle de compétitivité Chimie-Environnement Auvergne-Rhône-Alpes AXELERA

L'ambition affichée d'AXELERA, pôle de compétitivité Chimie-Environnement Auvergne-Rhône-Alpes, est de créer de la valeur en faisant émerger des solutions innovantes et compétitives pour l'industrie à la confluence de la chimie, de l'environnement et de l'énergie. A cet effet, le pôle AXELERA fédère ses adhérents autour de cinq axes stratégiques (matières premières renouvelables, usine éco-efficiente, matériaux et produits pour les filières industrielles, recyclage et recyclabilité, préservation et restauration des espaces naturels et urbains), et de cinq domaines prioritaires (chimie, environnement, énergie, bâtiment, transport), et en intégrant de façon transversale les enjeux énergétiques. AXELERA propose une offre de services complète pour accompagner le développement de ses adhérents, en matière d'aide au montage de projets puis dans la vie des projets : accompagnement à l'innovation, aide au développement économique et international, mise en réseau, évolution des compétences et formation.

3.1.1.2. Green Valley

Green Valley à Epinal d'Epinal est une grappe d'entreprises, labellisée en 2010 par la DATAR (remplacée aujourd'hui par l'Agence nationale de la cohésion des territoires), dédiée au bois et à l'écoconstruction et située sur le territoire de la communauté d'agglomération d'Epinal, dans les Vosges. L'idée a été de développer autour du site d'un papetier norvégien, Norske Skog Golbey, un écosystème qui contribue au développement économique du territoire en développant les échanges en matières, en énergie et en compétences, en mutualisant les actifs en logistique, en infrastructures, en immobilier et en chaudière (biomasse) et les savoir-faire en achats, en ressources, en maintenance et en management), et en créant de nouveaux business (valorisation des matières premières, ou de molécules dans la chimie verte). Green Valley permet notamment l'achat par un fabricant de panneaux isolants de bois, de vapeur, et d'énergie à l'entreprise papetière. Cette démarche est fortement portée par des entreprises privées (le papetier Norske Skog Golbey, pivot de cette expérience, et le fabricant de laine de bois Pavatex) et la communauté d'agglomération d'Epinal (au travers d'une SEM de développement économique).

Figure 9 – Le système simplifié des échanges de la Green Valley

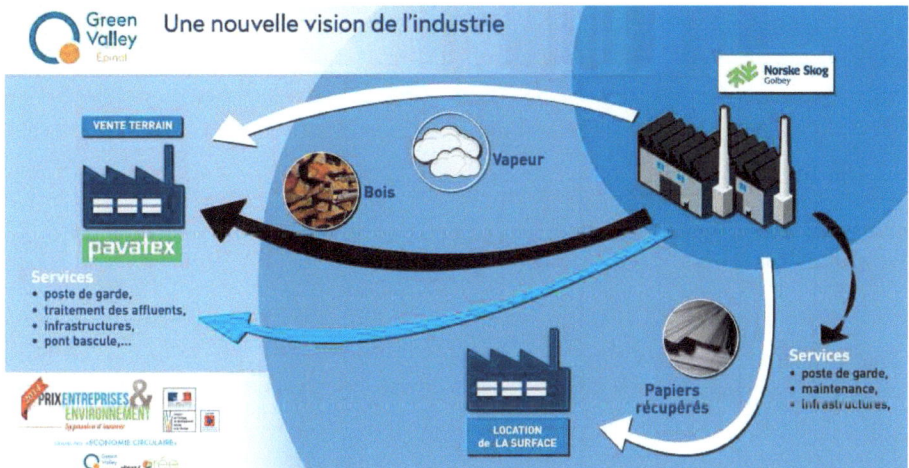

Source : Green Valley, Epinal, reproduit avec l'autorisation de l'auteur

3.1.1.3. L'expérimentation des Barters clusters

Les Barters (du mot « bart » qui signifie « troc » en anglais) sont un expérimentation récente développée en France comme plate-forme d'échanges de biens et services industriels (actifs dormants : machines, compétences, produits non utilisées). Nous examinons une expérience - Barter clusters - engagée en Rhône Alpes avec 11 clusters et 50 entreprises. Les échanges sont un levier qui offre de la liquidité aux entreprises, leur permet de préserver leur trésorerie et peut aller jusqu'à renforcer leurs fonds propres, optimise leurs ressources sous exploitées ou inexploitées, développe leur clientèle (dans la mesure où l'échange permet aux entreprises de se faire connaître et d'écouler ses produits ou ses services vers de futurs clients potentiels), et favorise les relations interentreprises d'un même territoire et de nouveaux partenaires.

3.1.2. *Initiatives locales d'entrepreneurs*

3.1.2.1. L'AIRM : Association des Industriels de la Région de Meyzieu Jonage et Pusignan

L'AIRM est une association fondée en 1965 par des chefs d'entreprises de Meyzieu (200 entreprises et 8000 salariés). L'AIRM co-construit avec ses adhérents et ses partenaires, une stratégie visant à favoriser les synergies, la compétitivité de ses membres et le respect de l'environnement par la mise en œuvre de démarches collectives, dans le cadre d'une stratégie dénommée SIEL (Synergie Industrielles de l'Est Lyonnais). L'AIRM fournit un ensemble de services mutualisés aux entreprises adhérentes : PDIE (Plan de Déplacement Inter-Entreprises), entretien non phytosanitaire des espaces verts, collecte des déchets industriels, mutualisation de l'achat des fournitures de bureau, location longue durée de vélos pour les salariés des entreprises.

3.1.2.2. BIOTOP (La Rochelle)

La démarche d'écologie industrielle et territoriale BIOTOP a été lancée en novembre 2011 à l'initiative du Club d'Entreprises de Périgny, situé dans l'agglomération de La Rochelle. Le projet est basé sur trois axes : les déchets, l'énergie et l'eau, et l'action phare est conduite sur la réduction des déchets, l'amélioration de leur tri et de leur valorisation, le but étant d'en faire effectuer un premier tri par les entreprises. Ainsi BIOTOP a réalisé une étude de flux sur 41 entreprises et a favorisé 7 synergies de substitution (valorisation des chutes de PVC rigide, de chutes de pierres de taille, de textiles et de cartons usages, fabrication de sacs à café en toile de jute et en polystyrène expansé), plus 4 synergies de mutualisation : collecte des DEEE (Déchets d'Equipements Electriques et Electroniques) de consommables, d'archives et de palettes perdues et un projet d'innovation (toiture végétalisée 100 % recyclée).

3.1.3. Une initiative portée par une organisation territoriale.

La démarche SLIDE (Synergies Locale Inter-entreprises pour le Développement Economique), menée à l'initiative du Pays de Bruche (Alsace) depuis début 2016 est un programme gratuit visant à créer des synergies entre les entreprises du territoire pour réduire les coûts, diminuer les contraintes organisationnelles et dynamiser le tissu local d'entreprises. Le projet SLIDE organise des rencontres d'entreprises deux fois par an, puis un accompagnement, pour faire émerger des synergies basées sur des ressources : matière/énergie (co-produits, déchets, chaleur, …), services et équipements (machines-outils, imprimante 3D, site de co-voiturage, dispositifs de formation, …), ou compétences (sécurité, infirmerie, commercial, bureau d'études…).

3.1.4. Deux initiatives de PTCE (Pôle territorial de coopération économique)

3.1.4.1. Florange e2i

Florange e2i est le regroupement de différents acteurs (structures de l'économie sociale et solidaire, entreprises, collectivités locales, laboratoires de recherche, université) qui ont décidé de s'engager pour le développement de l'attractivité du territoire du Val de Fensch et plus largement de la Moselle Nord et d'innover à l'échelle du territoire par la pratique de l'écologie industrielle. Le projet soutenu par FLORANGE e2i a été reconnu comme pôle territorial de coopération économique (PTCE) le 10 janvier 2014. Le PTCE FLORANGE e2i élabore des projets dans différents domaines : tri du papier et des déchets d'origine industrielle, recyclage des fenêtres en fin de vie, recyclage des huiles alimentaires usagées.

3.1.4.2. ÔKHRA, un PTCE consacré à la mise en valeur du patrimoine

ÔKHRA (Vaucluse) vise à exploiter le potentiel économique de l'ocre, de la garance, de la lavande, de la pierre et de la couleur, emblèmes de la Provence et du Luberon. Ces ressources identitaires qualifient le territoire : paysages, productions agricoles, artisanales et industrielles façonnent son image de « terre de couleurs. Il s'agit de s'appuyer sur l'intérêt grandissant du public et des entreprises pour les couleurs saines et naturelles. Le Pôle est porté par la Société Coopérative d'Intérêt

Collectif ÔKHRA et co-animé par le Comité de Bassin d'Emploi du Pays d'Apt et le Comité de Bassin d'Emploi Sud Lubéron, et a été reconnu comme PTCE. Le PTCE ÔKHRA se présente comme une entreprise culturelle, reposant sur le principe : « l'économie finance la culture ». ÔKHRA mène la valorisation de l'ocre, des visites, et l'animation du site d'une ancienne usine (par Délégation de Service Public de la collectivité).

3.2. Typologie des interventions

Ces expériences portent sur des actions opérationnelles, à l'exception du Pays de Bruche visant la sensibilisation. Tout en s'inscrivant dans l'économie circulaire, elles en activent des composantes différentes :

- seuls trois projets mettent en œuvre des synergies de substitution (produits dérivés)[22] : Green Valley en tant qu'opérateur, et AXELERA et SLIDE en tant qu'intermédiaire et appui technique.

- en plus du PTCE ÔKHRA qui ne relève pas spécifiquement de l'économie circulaire et qui vise à valoriser une matière première locale, cinq projets s'inscrivent dans des synergies de mutualisation, notamment Barter clusters (mutualisation de temps) et Green Valley (énergie et infrastructures).

- un acteur participe davantage à l'éco-conception (AXELERA), cependant qu'un autre soutient des entreprises innovantes en matière de réemploi (BIOTOP) et qu'un autre mène des actions de recyclage (Florange e2i).

Ainsi seul Green Valley met directement en œuvre des actions d'écologie industrielle basées sur des échanges directs de matières et d'énergie, mais les actions de réemploi, de réutilisation et de recyclage peuvent s'inscrire dans le cadre d'une symbiose industrielle (Dermine-Brullot *et alii*, 2017).

---

[22] On distingue deux formes de synergies en écologie industrielle : des synergies de substitution basées sur la valorisation des déchets d'une entreprise par une autre et des synergies de mutualisation reposant sur le partage de biens, de ressources et de services (op. cit.).

Tableau 14 – Type de composante de l'économie circulaire actionnée

Expérience	Ecologie industrielle (Substitution)	Ecologie industrielle (Mutualisation)	Eco-conception	Recyclage	Réemploi	Fonction de la structure
AIRM		Collecte, entretien non phytosanitaire, plan de déplacement				Intermédiaire
AXELERA	X		X	X		Appui technique
Barter clusters		Temps machine, temps homme				Intermédiaire
BIOTOP		Collecte			Appui entreprises innovantes	Opérateur
Florange e2i				Papier, déchets industriels, fenêtres en fin de vie, huiles alimentaires		Opérateur

Green Valley	Produits dérivés (vapeur, bois)	Energie, routes, station d'épuration				Opérateur
ÔKHRA		Valorisation d'une matière première				Opérateur
SLIDE	Matière/ énergie (déchets, chaleur)	Equipements, compétences				Intermédiaire

3.3. Gouvernance

La gouvernance de la plupart de ces structures repose sur un fonctionnement associatif, à l'exception de Green Valley - qui mobilise directement un noyau d'entreprises fortement impliquées - et de SLIDE du Pays de Bruche (portée par une structure territoriale).

Ce dernier cas est fragile, puisqu'il a été suspendu en 2018 à la suite du départ du chargé de mission qui l'animait.

Ces projets sont conduits dans le cadre d'un partenariat entre entreprises privées et collectivité publique (intercommunalité, avec le plus souvent le soutien – financier – de la Région).

Tableau 15 – Adhérents et partenaires dans les cas étudiés (en 2018)

Expérience	Adhérents	Soutiens et partenariats
AIRM	200 adhérents	Partenaires : ADEME, AFNOR (Association française de normalisation), Chambre de commerce et d'industrie, Région, communes d'implantation, Communauté de Communes, Métropole
AXELERA	350 adhérents (25% en dehors de la Région)	Bureau, fondateurs du pôle et représentants des entreprises et du monde académique ; Conseil d'administration de 3 collèges

		(industriel, scientifique, formation) ; Comité Scientifique d'experts
Barter clusters	13 pôles et clusters	1100 entreprises sensibilisées
BIOTOP	95 entreprises engagées, 75 adhérentes	Communauté d'agglomération, Ville de Périgny, entreprises
Florange e2i	Entreprise intermédiaire porteuse + structures associées (consultants)	Entreprises, structures de l'économie sociale et solidaire, collectivités locales, laboratoires de recherche, université
Green Valley	Forte implication d'entreprises leaders	Société d'économie mixte (prise de capital), partenariat Communauté d'agglomération et entreprises
ÔKHRA	270 coopérateurs (SCIC), initiative de 2 privés	Commune de Roussillon et PNR de Luberon au CA; Partenaires : PACA, Conseil départemental Vaucluse, Communauté de communes, commune de Rustrel.
SLIDE		Engagement politique des élus (Pays) ; Partenariats : ADEME, Région, programme européen LEADER, Commissariat de Massif

3.4. Moyens budgétaires

Les budgets s'établissent en moyenne à 150 000 € mais peuvent monter à 600 000 € dans le cadre de la vente de produits (ÔKHRA), voire à 1,5 million dans le cas d'une grosse structure (pôle de compétivité AXELERA). L'origine des financements est en général la Région, l'Europe, l'Etat et l'ADEME, mais aussi la vente de prestations aux adhérents.

Nous observons par conséquent que ces expériences fonctionnent pour la plupart avec des moyens financiers et humains relativement modestes, à l'exception d'AXELERA.

Tableau 16 – Moyens budgétaires et sources de financement dans les structures étudiées (en 2018)

Expérience	Budget	Sources de financement
AIRM	200 000 €	Achats de prestations par les adhérents (1 million €) Réponse à des appels à projets
AXELERA	1,5 million € (2/3 : fonctionnement, 1/3 : actions)	Etat (DIRECCTE), Région, Métropole de Lyon et Grenoble, FEDER ; Prestations adhérents (environ 1/3 du budget).
Barter clusters	159 000 € sur 2 ans	Région Rhône Alpes et Caisse des dépôts (50 000 € chacune sur 2 ans. Autofinancement : 59000 €
BIOTOP	150 000 €	Cotisations, formations prestations : 55% ; Subventions (Communauté d'agglomération La Rochelle, Ville de Périgny) : 30%) ; Partenaires privés : Crédit Mutuel, Groupe Léa Nature, EDF, Club d'Entreprises :15%
Florange e2i	Chiffre d'affaires : 236 000 €	État (PTCE) : 86 735€, 500 000 € de subventions aux postes d'insertion, 200 000 € pour les projets de R&D (appels à projets)
Green Valley	150 000 €	Communauté d'agglomération + Apports directs des entreprises
ÔKHRA	CA : 600 000 € Produits : 700 000 €	Europe (Leader), DATAR, DRAC PACA, Conseil Régional PACA, Conseil Général de Vaucluse (jusque loi NOTRe)
SLIDE	40 000 €	60%/70% (ADEME, Région), programme européen LEADER, Commissariat de Massif, pas de facturation aux entreprises

3.5. Moyens humains

En termes de moyens humains, ces structures reposent généralement sur 1 à 3 ETP, à l'exception d'AXELERA (12 personnes) et d'ÔKHRA (10 personnes mobilisées notamment par la vente de produits).

Tableau 17 – Moyens humains dans les structures étudiées (en 2018)

Expérience	Nombre de salariés
AIRM	3 permanents temps partiel : directeur, 2 personnes supports
AXELERA	12 personnes
Barter clusters	1 ETP (Equivalent temps plein)
BIOTOP	2 ETP
Florange e21	25 salariés permanents et 65 salariés en parcours d'insertion
Green Valley	1 animateur (Société d'économie mixte)
ÔKHRA	10 ETP (vente de services)
SLIDE	1 animateur

Nous observons par conséquent que ces expériences fonctionnent avec des moyens financiers et humains relativement modestes, à l'exception d'AXELERA.

3.6. Enseignements généraux

Les enseignements généraux tirés de ces expériences s'appuient sur les réponses des cas étudiés à la grille d'analyse administrée.

3.1.1. Les facteurs clés de succès

Les facteurs clés de succès mis en avant par les porteurs de projets sont en premier lieu :

- la proximité physique, l'interconnaissance des acteurs et un climat de confiance entre partenaires (AIRM, Green Valley),
- l'existence d'une structure de coopération des entreprises et l'impulsion politique,
- pour maintenir une dynamique créative, il apparaît utile de travailler sur de nouvelles synergies et de développer le réseau (BIOTOP).

Parmi les conseils pratiques, sont cités l'importance :
- de démarrer l'action sur des sujets faciles (SLIDE) et de prioriser les actions à fort enjeu (AXELERA),
- de capitaliser sur les résultats (Green Valley),
- de participer à des réseaux, de développer du benchmarking (Florange e2i), et de regarder ce qui se fait ailleurs (SLIDE)

3.1.2. Les difficultés

Les principales difficultés sont :
- la différence de temporalité entre collectivités et entreprises,
- la question rémanente de la lourdeur des aspects administratifs (AXELERA),
- la capacité de mobiliser et de concrétiser des projets (SLIDE), et le caractère innovant de l'offre et l'aspet pointu des ressources des entreprises, qui requiert une longue phase de sensibilisation pour trouver des entreprises intéressées (Barter clusters),
- les dépenses indispensables en R&D, qui nécessite un temps de retour long (FLORANGE e2i).

Parfois, est mise en avant l'éthique dans la sélection des partenaires (ainsi par l'AIRM qui est très attentive sur ce point pour sélectionner des porteurs de projets parmi ses adhérents).

3.1.3. Les enjeux

Les enjeux portent sur :
- la capacité de prendre des risques,
- l'importance d'avoir des porteurs de projets, d'identifier un noyau d'entreprises, de repérer les ressources disponibles (Barter clusters), de mutualiser ces ressources et des actions et de développer des coopérations (AXELERA), ce qui souligne parfois la nécessité d'un investissement commercial (Florange e2i),
- l'intérêt de comprendre les besoins des collectivités publiques (AIRM) et de développer des liens avec les élus et les techniciens des collectivités (ÔKHRA),
- l'implication des parties prenantes,
- et surtout la nécessité d'une animation (Barter clusters).

Par plusieurs cas est citée la volonté de dupliquer le modèle sur d'autres territoires (BIOTOP), voire pour les structures les plus importantes comme des clusters (AXELERA) de mettre en place un inter-clustering, au travers d'une action à l'échelle de l'Europe, voire au niveau international (Chine, Amérique du Nord).

En conclusion, on ne peut qu'être frappé par le caractère fragile de ces démarches : ainsi, en l'absence d'un club d'entreprises auto-portant l'action (SLIDE), l'action a été suspendue à la suite du départ de l'animateur, ce qui souligne le caractère incontournable d'une impulsion politique couplée à une forte implication des entreprises pour la réussite de ces actions. Enfin, la logique du marché ne peut être ignorée : ainsi dans le cas de Green Valley, une entreprise naissante (productrice de ouate de cellulose) soutenue par l'entreprise papetière a dû cesser son activité sous l'effet de la concurrence. Ainsi impulsion politique et prise en compte de la logique de marché sont des éléments incontournables.

CONCLUSION

Il ressort de notre observation des cas que trois points méritent d'être pris particulièrement en compte pour la réussite des démarches d'écologie industrielle et territoriale :

a) l'identification des ressources présentes et échangeables sur le territoire, la question du transfert technique de celles-ci et l'encouragement à la complémentarité entre entreprises ;

b) la capacité à disposer d'une animation territoriale par un « acteur-tiers » (Dain *et alii*, 2018) – et donc d'un financement public –, pour assurer les liens inter-entreprises et apporter un soutien financier et technique aux projets, dans le contexte hybride de l'action des différents acteurs (Maillefert et Robert, 2017) ;

c) la nécessité de s'assurer des retours financiers des projets (retours des investissements, réduction des coûts...), afin de maximiser la capacité d'auto-financement et de diversifier les sources de revenus, sans toutefois privatiser complètement l'action, ce qui empêcherait toute prise en compte de l'intérêt général (Dain *et alii*, 2018).

Par ailleurs, il convient de garder à l'esprit que le développement de l'économie circulaire est devenu un enjeu d'attractivité et d'ancrage territorial des entreprises pour les intercommunalités (AdCF, 2018), désormais gestionnaires de la totalité des zones d'activités depuis la loi NOTRe (Nouvelle organisation territoriale de la République) de 2015 parallèlement à leur compétence en matière de gestion des déchets.

CONCLUSION GENERALE : DES APPORTS DU LOCAL ET DE LA NECESSITE DE L'ETAT

S'interrogeant sur le tournant local de nos sociétés, P. Veltz (2021) constate que pour beaucoup, il y a désormais une sorte d'identité entre écologie et proximité.

Mais si le local est un moyen puissant de susciter l'innovation, de fédérer les énergies, de mettre la société en mouvement, le tout-local est une impasse.

Il faut rester conscient des interdépendances qui relient et traversent les territoires ; en conséquence, il faut valoriser davantage les coopérations interterritoriales, à toutes les échelles, et articuler inscription locale et connexions globales. Notamment, le climat et la biodiversité sont des biens publics mondiaux qui nécessitent une approche globale.

Tous les grands changements de paradigme (imposition de règles sociales au capitalisme industriel, relance de l'économie mondiale après-guerre, développement du numérique) ont été conduits par des États se donnant de grandes missions, dépassant de loin la création de règles ou d'incitations pour permettre aux investisseurs et aux marchés de fonctionner.

Ainsi si on veut que la finance verte cesse d'être marginale et que les « *green tech* » décollent vraiment, il faut des impulsions et des investissements publics puissants. Aussi avec P. Veltz, on peut soutenir que le changement de paradigme désormais requis ne pourra pas s'opérer sans impulsion de l'État.

BIBLIOGRAPHIE

AdCF, 2018, *Plan d'action pour les intercommunalités*, www.adcf.org

ADEME, 2014, *Economie circulaire : notions*, http://www.ademe.fr/sites/default/files/assets/documents/fiche-technique-economie-circulaire-oct-2014.pdf.

Aggeri F., 2018, Lever les obstacles à la transition vers l'économie circulaire, *Alternatives économiques*, 20/03/2018.

Ananian, P., 2019, Quartiers de l'innovation et espaces de coworking : évidences et enjeux de transformation de l'environnement urbain dans les villes nord-américaines, in Krauss G. et Tremblay D-G. (dir.), *Tiers-lieux – Travailler et entreprendre sur les territoires : espaces de coworking, fablabs, hacklabs...*, Presses universitaires de Rennes et Presses universitaires du Québec.

ARADEL. (2016, juillet). Lettre partenariale de veille sur l'économie de proximité.

Beaurain C., Brullot S., 2011, « L'écologie industrielle comme processus de développement territorial : une lecture par la proximité », *Revue d'Économie Régionale & Urbaine*, 2011/2 (avril).

Becattini G., *Le district marshallien : une notion socio-économique*, in Benko G., Lipietz A., *Les régions qui gagnent*, PUF, 1992.

Besson, R., 2015, « La mise en réseau des espaces de coworking au service de la régénération des territoires », *Revue Urbanews*, 30 septembre. https://halshs.archives-ouvertes.fr/halshs-01726318/document

Boboc A., Bouchareb K., Deruelle V. et Metzger J.-L., 2014, Le coworking : un dispositif pour sortir de l'isolement ? *SociologieS*, http://journals.openedition.org/sociologies/4873

http://docs.eclm.fr/pdf_livre/364RenaissanceDesCommuns.pdf

Bollier D., 2014, *La renaissance des communs : Pour une société de coopération et de partage*, Edition Charles Leopold Maycr.

La renaissance des communs : pour une société de coopération et de partage, David Bollier. Editions Charles Léopold Mayer, traduit de l'américain, 2014, Borel D., Massé D., Demailly D., 2015, L'économie collaborative, entre utopie et big business, *Esprit* /7 (Juillet), 9-18.

Bourdin S., Nadou F., Obermöller A., 2020 ? « Comment les politiques publiques favorisent-elles les dynamiques collaboratives d'innovation ? Analyse du management de l'intermédiation territoriale », *Revue d'économie régionale et urbaine* (2/2020).

Brullot S., Maillefert 2010, « Ecologie industrielle et développement durable », in Zuindeau B. (éd.), *Développement durable et territoire*, Presses universitaires du Septentrion.

Brullot S., Maillefert M., Joubert J., 2014, « Stratégies d'acteurs et gouvernance des démarches d'écologie industrielle et territoriale », *Développement durable et territoires,* vol. 5, n°1, février.

Buclet N., 2015, « Ecologie industrielle et économie circulaire : définitions et principes », in Alix Y., Mat N. Cerceau J. (dir.), *Économie circulaire et écosystèmes portuaires*, EMS.

Burret A., 2013, Démocratiser les tiers-lieux, *Multitudes*, 52(1), 89-97.

Capdevilla I., 2015, Les différentes approches entrepreneuriales dans les espaces ouverts d'innovation, *Innovations*, 48, 87-105.

Cerceau J., Junqua G., Gonzalez C., Laforest V., Lopez-Ferber M., 2014, « Quel territoire pour quelle écologie industrielle ? Contribution à la définition du territoire en écologie industrielle »,

Développement durable et territoires, vol. 5, n°1 | février.

CNER, https://www.cner-france.com https://www.cner-france.com Coriat B., 2015, *Le retour des communs, la crise de l'idéologie propriétaire*, Les liens qui libèrent.

Courlet C., 2002, Les systèmes productifs localisés : bilan de la littérature. *Cahier d'économie et de sociologie rurales*, 58-59, 82-103.

Dain A., Duret B., Valluis C., Des Gayets M., 2018, *Pérennité des démarches d'écologie industrielle et territoriale en France*, Pôle Eco-Industries, Mydiane, Auxilia, http://www.auxilia-conseil.com/sites/default/files/users/user78/Auxilia-Enquete-Perenite.pdf

Dardot P., Laval C., 2014, *COMMUN, Essai sur la révolution du XXIe siècle*, La Découverte.

Delplancke T., Eglin T., Trévisiol A., Wallet F., Callois J.-M., 2018, *Economie circulaire et développement rural. Freins et leviers au déploiement de projets territoriaux innovants*, ADEME, INRA, IRSTEA,

Depret M.-H., Hamdouch A., 2010, « Développement durable, innovations environnementales et green clusters », in Zuindeau B. (éd.), *Développement durable et territoire*, Presses universitaires du Septentrion.

Dermine-Brullot S., Junqua G., Zuindeau B., 2017, « Ecologie industrielle et territoriale à l'heure de la transition écologique et sociale de l'économie », *Revue d'économie régionale et urbaine*, n° 5/2017.

Doré G., 2017, *Hors des métropoles, point de salut ? Les capacités de développement des territoires non métropolitains*, L'harmattan, Préface de F. Taulelle et Postface de A. Torre.

Doré G., 2021, *L'essentiel sur les communes et les intercommunalités : Fonctionnement et pouvoir d'agir,* Berger-Levrault

Dossou-Yovo, A. (2019). Analyse de l'impact des espaces collaboratifs (coworking) sur le processus entrepreneurial, dans Krauss G. et Tremblay D.-G. (dir.), *Tiers-lieux – Travailler et entreprendre sur les territoires : espaces de coworking, fablabs, hacklabs...,* Presses universitaires de Rennes et Presses universitaires du Québec.

Fraisse L., 2017, « Mieux caractériser les PTCE face à un processus rapide d'institutionnalisation », *Revue internationale de l'économie sociale* (RECMA), n°343.

Gallaud D., Laperche B., 2016, *Économie circulaire et développement durable. Écologie industrielle et circuits courts*, Iste éditions.

Gilli F., 2015, « Les territoires de l'innovation... ne sont pas ceux qu'on croit », *L'Economie politique*, n° 068 – octobre.

Gobert J., Dermine-Brullot S., 2017, « La mobilisation du capital territorial pour le développement d'une logique d'écologie industrielle et territoriale », *Revue d'économie régionale et urbaine*, n° 5/2017.

Institut Montaigne, 2016, *Economie circulaire : réconcilier croissance et environnement*.

Itçaina X., Palard J., Ségas S., 2007. *Régimes territoriaux et développement économique ?* Presses Universitaires de Rennes.

Jacobsen N. B., 2006, Industrial symbiosis in Kalundborg, Denmark: A quantitative assessment of economic and environmental aspects, *Journal of Industrial Ecology*, 10(1-2), 239-255.

Joyal A., 2008, Les APL au Brésil : une adaptation opportune des SPL à la française. *Géographie, économie, société*, 10(2), 185-197.

Juan M., Laville J.-L., Subirats J., 2020, *Du social business à l'économie solidaire. Critique de l'innovation sociale*, Editions Eres.

Kebir L., Wallet F., « Biens communs et développement territorial : éléments de réflexion autour des enjeux de gouvernance », in Michon P., (dir.), 2019, *Les biens communs*, Presses universitaires de Rennes

Klein J.-L., Pecqueur B., 2020, *Les Living labs. Une perspective territoriale*. L'Harmattan.

Krauss, G., 2019, Les espaces de coworking et les trajectoires sociales de leurs fondateurs et utilisateurs : études de cas dans le sud-ouest de l'Allemagne dans une ville moyenne et dans une petite commune périphérique, in Krauss G. et Tremblay D.-G. (dir.), *Tiers-lieux – Travailler et entreprendre sur les territoires : espaces de coworking, fablabs, hacklabs...,* Presses universitaires de Rennes et Presses universitaires du Québec.

Krauss G. Tremblay D.-G. (dir.). (2019), *Tiers-lieux – Travailler et entreprendre sur les territoires : espaces de coworking, fablabs, hacklabs...,* Presses universitaires de Rennes et Presses universitaires du Québec.

Labo de l'ESS, 2020, *Relancer les PTCE. Diagnostic et propositions,* https://www.lelabo-ess.org› relancer-les-ptce

Landel P.-A., Leroux S., 2012, TIC et construction de ressources territoriales – Observations à partir de trois territoires d'étude : Diois, Maurienne, Vésubie. *Villes et territoires numériques,* 99-111. https://halshs.archives-ouvertes.fr/halshs-00672968

Langlois, P.-M., 2016, 21 décembre, « De plus en plus de régions se mobilisent en faveur des tiers-lieux de travail », *Localtis,* https://www.banquedesterritoires.fr/de-plus-en-plus-de-regions-se-mobilisent-en-faveur-des-tiers-lieux-de-travail

Laperche B., 2018, « L'écologie industrielle pour un développement territorial durable », *Revue Intercommunalités,* n° 226, janvier, AdCF.

Laudier I., Serizier P., 2013, *Politiques de développement territorial intégré : les circuits courts,* rapport final, Institut CDC pour la recherche et OCDE.

Laudier I., Serizier P., 2015, « Les circuits courts, un outil au service du développement territorial intégré », *Métropolitiques,* 3 juillet 2015.

Le Galès P., 1989, « Les politiques de développement économique local », in Wachter S. (dir.), *Politiques publiques et territoires,* L'Harmattan.

Leac J.-P., 2015, 25 avril, Tiers-lieu et autres fablab, hackerspace, medialab, living lab, ... vous n'y comprenez plus rien? *Cahiers de l'innovation,* https://www.lescahiersdelinnovation.com/tiers-lieu-et-autres-fablab-hackerspace-medialab-living-lab-vous-ny-comprenez-plus-rien

Lebreton C., 2013, *Les territoires numériques de la France de demain : rapport à la ministre de l'Égalité des territoires et du Logement,* Assemblée des départements de France/Commissariat général à la stratégie et la prospective.

Levy-Waitz P., 2018, *Faire ensemble pour mieux vivre ensemble : rapport 2018,* Ministère de la Cohésion des territoires.

Liefooghe C., 2019, Créer des tiers-lieux en ville petite et moyenne : imaginaires collectifs et fabrique des politiques publiques, in Krauss G. et Tremblay D.-G. (dir.), *Tiers-lieux – Travailler et entreprendre sur les territoires : espaces de coworking, fablabs, hacklabs...,* Presses universitaires de Rennes et Presses universitaires du Québec.

Maillefert M., Robert I., 2017, « Nouveaux modèles économiques et création de valeur autour l'économie circulaire, de l'économie de la fonctionnalité et de l'écologie industrielle », *Revue d'économie régionale et urbaine,* n° 5/2017.

Manzagol C., « La localisation des activités spécifiques », p. 492, in Bailly A., Ferras R., Pumain D., *Encyclopédie de géographie*, Economica, 1995.

Marinos, C. (2019). Action publique locale et espaces collaboratifs de travail : le cas des villes petites et moyennes, in Krauss G. et Tremblay D.-G. (dir.), *Tiers-lieux – Travailler et entreprendre sur les territoires : espaces de coworking, fablabs, hacklabs...,* Presses universitaires de Rennes et Presses universitaires du Québec.

Marinos, C. et Baudelle, G. (2019). L'émergence des tiers-lieux hors métropoles en Bretagne : une lecture par les profils et trajectoires de leur fondateur, in Krauss G. et Tremblay D.-G. (dir.), *Tiers-lieux – Travailler et entreprendre sur les territoires : espaces de coworking, fablabs, hacklabs,* Presses universitaires de Rennes et Presses universitaires du Québec.

Marshall A., 1990, Organisation industrielle : la concentration d'industries spécialisées dans certaines localités, in *Revue française d'économie*, volume 5, n°3.

Martin P., 2010, *L'économie de proximité : une réponse aux défis majeurs de la société française,* Avis du Conseil Economique, Social et Environnemental (CESE), octobre.

Ministère du Redressement productif. 2013, *Guide des échanges interentreprises de biens et services.*

Mira-Bonnardel S., Geneau I., Serrafero P. (2012). Naissance d'un écosystème d'affaires : entre stratégie délibérée et stratégie chemin faisant, *Revue française de gestion*, 222(3), 23-134.

Moriset B., 2011, octobre, Tiers-lieux de travail et nouvelles territorialités de l'économie numérique : les espaces de coworking, Communication présentée au Colloque Spatialité et modernité : lieux et territoires de SET-CNRS, Pau, https://halshs.archives-ouvertes.fr/halshs-00724540/document

Moriset B., 2017). Inventer les nouveaux lieux de la ville créative : les espaces de coworking. *Territoire en mouvement*, 34.

Muchnik J., de Sainte Marie C., 2010, *Le temps des Syal : techniques, vivres et territoires*. Éditions Quae.

Nadou F., Pecqueur B., 2020, « Pour une socioéconomie de l'intermédiation territoriale Une approche conceptuelle », *Géographie, Économie, Société*, 2020/3, Vol. 22, Lavoisier.

Nadou F., Talandier M., 2020, « Intermédiation territoriale : des lieux, des liens, des réseaux, des acteurs », *Géographie, économie, société*, 2020/3, Vol. 22, Lavoisier.

Niang A., Bourdin S., Torre A., 2020, « L'économie circulaire, quels enjeux de développement pour les territoires ? », *Développement durable et territoires*, Vol. 11, n°1.

Oldenburg R., 1991, *The great good place,* Marlowe & Company.

OREE, 2016, *Le recueil des démarches d'écologie industrielle et territoriale,* mars.

Ostrom E., 1990, *Gouvernance des biens communs, pour une nouvelle approche des ressources naturelles,* Éditions De Boeck, trad. française 2010.

Pin C., 2016, 27 mai, Avant-propos, in France Clusters, L'avenir des pôles et clusters : incarner son réseau dans un lieu d'innovation (p. 3-4). France Clusters, http://franceclusters.fr/wp-content/uploads/2016/07/20160527_ACTES-AG2016.pdf

Porter M., 1999, « Grappes et concurrence », in *La concurrence selon Porter,* Village Mondial.

Revue d'économie régionale et urbaine, n° 5/2017, Écologie industrielle et territoriale.

Rieutort L., 2016, Des « tiers-lieux » à la campagne : quels univers de justification ? Agrobiosciences, https://www.agrobiosciences.org/territoires/article/des-tiers-lieux-a-la-campagne-quels-univers-de-justification#.YFOG49qSlQA

Scaillerez A., Tremblay D.-G., 2017, Coworking, fab labs et living labs : état des connaissances sur les tiers lieux, *Territoires en mouvement,* 34, 1-17.

Scaillerez A., Tremblay D.-G., 2019, Travailler et collaborer autrement : les espaces de coworking, une approche apparentée aux communautés de pratique, in Krauss G. et Tremblay D.-G. (dir.), *Tiers-lieux – Travailler et entreprendre sur les territoires : espaces de coworking, fablabs, hacklabs...,* Presses universitaires de Rennes et Presses universitaires du Québec.

Suire, R., 2013, Innovation, espaces de coworking et tiers-lieux : entre conformisme et créativité [document de travail], Université de Rennes 1.

Suire R., Vicente J., 2015, Récents enseignements de la théorie des réseaux en faveur de la politique et du management des clusters. *Revue d'économie industrielle,* 152, 91-119.

Sur les SCIC : https://www.youtube.com/watch?v=IvBubRQW7fU

Teisserenc P., 1994, *Les politiques de développement local, Approche sociologique,* Economica, réédition 2002 avec préface inédite.

Torre A., Beuret J.-E., 2012, *Proximités territoriales,* Economica, collection Anthropos.

Torre A., Zimmermann J-B., 2015, « Des clusters aux écosystèmes industriels locaux », *Revue d'Economie Industrielle,* 152.

Torre A. (2008). On the role played by temporary geographical proximity in knowledge transfer. *Regional Studies,* 42, 869-889.

Torre A., Talbot D., 2018, Proximités : retour sur 25 années d'analyse. *Revue d'économie régionale et urbaine*, 5-6, 917-937, https://www.cairn.info/revue-d-economie-regionale-et-urbaine-2018-5-page-917.htm

Torre A., Wallet F., 2017, L'innovation territoriale, entre gouvernance et apprentissages : introduction. *Management & avenir*, 97(7), 97-104.

Torre A., Zimmermann J.-B., 2015, Des clusters aux écosystèmes industriels locaux. *Revue d'économie industrielle*, 152, 13-38.

Tremblay, D.-G., Scaillerez A., 2015, *Innovation ouverte et développement de tiers lieux : focus sur les espaces de coworking*, TÉLUQ – Université du Québec.

Veltz P., 2021, *L'économie désirable. Sortir du monde thermo-fossile.* Paris, Seuil, Collection République des idées.

LISTE DES TABLEAUX :

Liste des figures :